Organização Criminosa

O GEN | Grupo Editorial Nacional – maior plataforma editorial brasileira no segmento científico, técnico e profissional – publica conteúdos nas áreas de concursos, ciências jurídicas, humanas, exatas, da saúde e sociais aplicadas, além de prover serviços direcionados à educação continuada.

As editoras que integram o GEN, das mais respeitadas no mercado editorial, construíram catálogos inigualáveis, com obras decisivas para a formação acadêmica e o aperfeiçoamento de várias gerações de profissionais e estudantes, tendo se tornado sinônimo de qualidade e seriedade.

A missão do GEN e dos núcleos de conteúdo que o compõem é prover a melhor informação científica e distribuí-la de maneira flexível e conveniente, a preços justos, gerando benefícios e servindo a autores, docentes, livreiros, funcionários, colaboradores e acionistas.

Nosso comportamento ético incondicional e nossa responsabilidade social e ambiental são reforçados pela natureza educacional de nossa atividade e dão sustentabilidade ao crescimento contínuo e à rentabilidade do grupo.

Guilherme de Souza Nucci

Organização Criminosa

5.ª edição
revista, atualizada
e ampliada

■ O autor deste livro e a editora empenharam seus melhores esforços para assegurar que as informações e os procedimentos apresentados no texto estejam em acordo com os padrões aceitos à época da publicação, e todos os dados foram atualizados pelo autor até a data de fechamento do livro. Entretanto, tendo em conta a evolução das ciências, as atualizações legislativas, as mudanças regulamentares governamentais e o constante fluxo de novas informações sobre os temas que constam do livro, recomendamos enfaticamente que os leitores consultem sempre outras fontes fidedignas, de modo a se certificarem de que as informações contidas no texto estão corretas e de que não houve alterações nas recomendações ou na legislação regulamentadora.

■ Fechamento desta edição: *08.10.2020*

■ O Autor e a editora se empenharam para citar adequadamente e dar o devido crédito a todos os detentores de direitos autorais de qualquer material utilizado neste livro, dispondo-se a possíveis acertos posteriores caso, inadvertida e involuntariamente, a identificação de algum deles tenha sido omitida.

■ **Atendimento ao cliente: (11) 5080-0751 | faleconosco@grupogen.com.br**

■ Direitos exclusivos para a língua portuguesa
Copyright © 2021 by
Editora Forense Ltda.
Uma editora integrante do GEN | Grupo Editorial Nacional
Travessa do Ouvidor, 11 – Térreo e 6º andar
Rio de Janeiro – RJ – 20040-040
www.grupogen.com.br

■ Reservados todos os direitos. É proibida a duplicação ou reprodução deste volume, no todo ou em parte, em quaisquer formas ou por quaisquer meios (eletrônico, mecânico, gravação, fotocópia, distribuição pela Internet ou outros), sem permissão, por escrito, da Editora Forense Ltda.

■ Esta obra passou a ser publicada pela Editora Forense a partir da 2ª edição.

■ Capa: Aurélio Corrêa

■ **CIP – BRASIL. CATALOGAÇÃO NA FONTE.
SINDICATO NACIONAL DOS EDITORES DE LIVROS, RJ.**

N876o
Nucci, Guilherme de Souza, 1963-

Organização Criminosa / Guilherme de Souza Nucci. – 5. ed. – Rio de Janeiro: Forense, 2021.

Inclui bibliografia
ISBN 978-85-309-9154-8

1. Direito penal – Brasil. 2. Processo penal – Brasil. 3. Crime organizado. I. Título.

20-65204 CDU: 343.2(81)

Camila Donis Hartmann – Bibliotecária – CRB-7/6472

SOBRE O AUTOR

Livre-docente em Direito Penal, Doutor e Mestre em Direito Processual Penal pela PUC-SP.

Professor da PUC-SP, atuando nos cursos de Graduação e Pós--graduação (Mestrado e Doutorado).

Desembargador na Seção Criminal do Tribunal de Justiça de São Paulo.

www.guilhermenucci.com.br

APRESENTAÇÃO À 5.ª EDIÇÃO

Esta edição traz a revisão necessária para incluir as reformas introduzidas pela Lei 13.964/2019 na Lei da Organização Criminosa (Lei 12.850/2013), aperfeiçoando seus institutos à luz das necessidades demonstradas por vários casos concretos ocorridos nos últimos anos.

Logo no art. 2º da Lei 12.850/2013 inseriu-se norma de segurança, determinando que lideranças de organizações criminosas armadas deverão iniciar o cumprimento da pena em estabelecimentos penais de segurança máxima, que, em verdade, somente permitem o regime fechado; logo, entra em conflito com a decisão do STF, quanto aos crimes hediondos, normatizando ser contra a individualização da pena obrigar o condenado a ingressar no regime fechado inicial para cumprir sua pena, conflito esse que terá que ser resolvido no caso concreto. Fixa-se, também, no art. 2º, a vedação à progressão de regime de cumprimento de pena aos integrantes de organização criminosa, quando mantenham o seu vínculo associativo. Outro conflito a ser resolvido pelo Judiciário, que, em princípio, não acolhe a tese de proibição de progressão.

No campo da colaboração premiada, houve as maiores transformações, buscando corrigir, para o futuro, diversos equívocos acontecidos em delações anteriormente praticadas, de forma abusiva, dando ensejo a situações anômalas. Estabeleceu-se, claramente, em lei, que o acordo de colaboração premiada é um negócio jurídico e um meio de obtenção de prova, pressupondo utilidade e interesse público. O recebimento da proposta para o acordo de colaboração premiada configura o marco de confidencialidade e fixa um termo formal, vinculando os órgãos envolvidos na negociação, evitando-se desistências inoportunas e indevidas. Há, portanto, um procedimento prévio de verificação, até que seja levada a proposta de acordo à homologação judicial.

Na reforma produzida na Lei 12.850/2013, vedou-se qualquer proposta de premiação que infrinja a definição legal do regime inicial de cumprimento de pena e as regras dos regimes previstos no Código Penal e na Lei de Execução Penal, além de qualquer modificação relativa à progressão de regime não abrangidas expressamente pela própria Lei da Organização Criminosa. Enfim, atinge-se o conjunto de acordos que estabeleceram cláusulas totalmente inadequadas e ilegais, mas consolidadas por homologações judiciais precipitadas.

Ratifica-se o entendimento de que somente a delação não serve para a condenação do delatado, mas também não presta para a decretação de medidas cautelares reais ou pessoais, nem para o recebimento de denúncia ou queixa.

Inclui-se, com clareza, a viabilidade de rescisão de acordos em que tenha havido omissão dolosa sobre fatos objeto da colaboração, além de se exigir que o delator cesse o envolvimento em conduta ilícita relacionada ao objeto da colaboração.

No campo da infiltração de agentes, criou-se a figura do infiltrado virtual, autorizando a inserção de agentes em organizações criminosas formadas pela rede mundial de computadores, algo especialmente relevante, nos dias atuais, especialmente para as organizações voltadas à exploração sexual de pessoas vulneráveis e à pedofilia.

Atualizamos os comentários às novidades introduzidas pelo denominado *pacote anticrime* (Lei 13.964/2019) no tocante à Lei da Organização Criminosa, acrescentamos novos julgados e, também, outras relevantes lições doutrinárias.

Agradecemos à Editora Forense o empenho para mais uma edição desta obra.

São Paulo, agosto de 2020.

O Autor

SUMÁRIO

I – ORGANIZAÇÃO CRIMINOSA 1
  1. Conceito 1
      1.1 Elementos legais 3
      1.2 Política criminal 6
  2. Aplicabilidade por extensão 8
  3. Tipo penal incriminador 10
      3.1 Introdução 10
      3.2 Análise do tipo de organização criminosa 11
          3.2.1 Prisão cautelar 18
          3.2.2 Prisão voltada para extrair a delação premiada 23
      3.3 Obstrução à justiça 24
      3.4 Causas de aumento da pena 27
          3.4.1 Emprego de arma de fogo 27
                3.4.1.1 Prisão provisória 29
          3.4.2 Participação de criança ou adolescente 29
          3.4.3 Concurso de funcionário público 30
          3.4.4 Destino do produto ou proveito do crime 31

3.4.5 Conexão entre organizações criminosas 32
3.4.6 Transnacionalidade 32
3.5 Agravante 33
3.5.1 Comando da organização criminosa 33
4. Aspectos processuais 34
5. Efeitos da condenação 37
6. Início do cumprimento da pena 38
7. Progressão de regime 39
8. Instrução e prazos 40
9. Sigilo na investigação 41

II – PERSECUÇÃO PENAL E MEIOS DE PROVA 43
1. Introdução 43
2. Meios de prova 44
   2.1 Genéricos e específicos 44
   2.2 Captação ambiental de sinais eletromagnéticos, ópticos ou acústicos 46
   2.3 Acesso a registros de ligações telefônicas e telemáticas, a dados cadastrais constantes de bancos de dados públicos ou privados e a informações eleitorais ou comerciais 47
   2.4 Interceptação de comunicações telefônicas e telemáticas, nos termos da legislação específica 49
   2.5 Afastamento dos sigilos financeiro, bancário e fiscal, nos termos da legislação específica 52
   2.6 Cooperação entre instituições e órgãos federais, distritais, estaduais e municipais na busca de provas e informações de interesse da investigação ou da instrução criminal 54
   2.7 Sigilo para aquisição de equipamentos 54
3. Provas ilícitas 55
   3.1 Delação ilícita 56

III – COLABORAÇÃO PREMIADA 59
1. Conceito, natureza jurídica e valor probatório 59
2. Prós e contras 63
   2.1 Procedimento para a colaboração premiada 67
      2.1.1 A formalização da proposta e a participação da defesa 67
      2.1.2 Confidencialidade do acordo em todas as fases 69
      2.1.3 Indeferimento sumário da proposta de acordo 70

   2.1.4 Processamento da proposta de acordo 70
     2.1.4.1 Produção antecipada de provas 72
 3. Requisitos e consequências 72
  3.1 Requisitos 72
  3.2 Consequências 76
   3.2.1 Limites ao negócio jurídico ou acordo irrestrito? 77
   3.2.2 Combinação de leis penais prevendo colaboração premiada 81
 4. Encaminhamento da delação 84
  4.1 Pleito de perdão judicial 84
  4.2 Colaboração após a sentença condenatória 85
  4.3 Suspensão do prazo para oferecimento de denúncia e do curso do processo 87
  4.4 Não oferecimento de denúncia como benefício pela colaboração 88
  4.5 Exclusão do juiz das negociações entre o Poder Público e o delator 90
  4.6 Homologação do acordo e hipóteses de rescisão 91
  4.7 Oitiva do delator após a homologação 100
  4.8 Retratação da parte contratante 102
  4.9 Finalização do processo 103
  4.10 Registro do procedimento da colaboração premiada 106
 5. Direitos do colaborador 106
 6. Direitos do delatado 111

IV – AÇÃO CONTROLADA 115
 1. Conceito 115
 2. Requisitos 116
 3. Procedimento 118
 4. Crime impossível 120

V – INFILTRAÇÃO DE AGENTES 123
 1. Conceito 123
 2. Requisitos 124
 3. Crime impossível 127
 4. Infiltração virtual 130
 5. Procedimento 135
 6. Aspectos criminais da atuação do agente infiltrado 138
 7. Direitos do agente 140

VI – CRIMES CONTRA A ADMINISTRAÇÃO DA JUSTIÇA NO COMBATE À ORGANIZAÇÃO CRIMINOSA 145
   1. Conceito 145
   2. Revelação de identidade de colaborador 145
      2.1 Tipo penal incriminador 145
      2.2 Análise do tipo 146
   3. Delação caluniosa 147
      3.1 Tipo penal incriminador 147
      3.2 Análise do tipo 148
   4. Quebra de sigilo 151
      4.1 Tipo penal incriminador 151
      4.2 Análise do tipo 151
   5. Sonegação de informes 152
      5.1 Tipo penal incriminador 152
      5.2 Análise do tipo 153
   6. Procedimento e sigilo 155

BIBLIOGRAFIA 165
OBRAS DO AUTOR 167

I

ORGANIZAÇÃO CRIMINOSA

1. Conceito

O conceito de *organização criminosa* é complexo e controverso, tal como a própria atividade do crime nesse cenário. Não se pretende obter uma definição tão abrangente quanto pacífica, mas um horizonte a perseguir, com bases seguras para identificar a atuação da delinquência estruturada, que visa ao combate de bens jurídicos fundamentais para o Estado Democrático de Direito.[1]

---

1. Nas palavras de Guillermo J. Yacobucci, essa espécie de associação criminosa "deve representar um maior grau de agressão ou perigo que a simples somatória de pessoas. Por isso se fala de organização ou criminalidade organizada. A estruturação dos participantes é um ponto relevante na questão vez que supõem meios e pessoas orientadas a delinquir em âmbitos sensíveis da convivência. Desde esse ponto de vista, importa o nível de ameaça que representa para a ordem pública em geral, para as instituições políticas do Estado, mas também, e em especial, para o sistema socioeconômico e o respeito pelas regras do jogo que regulam os intercâmbios sociais" (Política criminal y delincuencia organizada, in Yacobucci, *El crimen organizado*, p. 55-56, tradução livre). Para Andrea Castaldo, "a

É indiscutível a relevância da conceituação de *organização criminosa*, não somente para fins acadêmicos, mas pelo fato de se ter criado um tipo penal específico para punir os integrantes dessa modalidade de associação.

Sob outro prisma, não se pode escapar da etimologia do termo *organização*, que evidencia uma estrutura ou um conjunto de partes ou elementos, devidamente ordenado e disposto em bases previamente acertadas, funcionando sempre com um ritmo e uma frequência ponderáveis no cenário prático.

Diante disso, a *organização criminosa* é a associação de agentes, com caráter estável e duradouro, para o fim de praticar infrações penais, devidamente estruturada em organismo preestabelecido, com divisão de tarefas, embora visando ao objetivo comum de alcançar qualquer vantagem ilícita, a ser partilhada entre os seus integrantes. Pode-se sustentar que a organização criminosa tem a visível feição de uma *empresa*, distinguindo-se das empresas lícitas pelo seu objeto e métodos ilícitos.[2] Vamos além, com o fito de demonstrar a inserção do crime organizado nas estruturas de poder político do Estado. Seja qual for o objetivo da organização criminosa, a sua atuação, em algum ponto e sob determinada medida, termina por se sustentar pelo apoio de servidores públicos mancomunados e aliciados, integrantes do esquema, direta ou indiretamente.

O conceito adotado pela Lei 12.850/2013 não é muito diferente, prevendo-se, no art. 1.º, § 1.º, o seguinte: "considera-se organização criminosa a associação de 4 (quatro) ou mais pessoas estruturalmente ordenada e caracterizada pela divisão de tarefas, ainda que informalmente, com objetivo de obter, direta ou indiretamente, vantagem de qualquer natureza, mediante a prática de infrações penais cujas penas máximas sejam superiores a 4 (quatro) anos, ou que sejam de caráter transnacional".

---

criminalidade organizada pode ser vista como uma organização de pessoas com a finalidade de cometer delitos de elevada desvalorização social e claro conteúdo econômico" (Una introducción al proble, in Yacobucci, *El crimen organizado*, p. 55-56, tradução livre).

2. Cf. Alexandre Rorato Maciel, *Crime organizado*, p. 32.

1.1 Elementos legais

Dividindo os elementos fornecidos pelo conceito legal, temos:

a) associação de quatro ou mais pessoas: o número de associados, para configurar o crime organizado, resulta de pura política criminal, pois variável e discutível. Segundo entendemos, conforme o caso concreto, *duas* pessoas podem organizar-se, dividir tarefas e buscar um objetivo ilícito comum. Por certo, não é comum que assim ocorra, embora não seja impossível. Tanto que a Lei 11.343/2006 (Lei de Drogas), no seu art. 35, prevê a associação de duas ou mais pessoas para o fim de praticar, reiteradamente ou não, os crimes previstos nos arts. 33 e 34 (tráfico). Independente disso, optou o legislador pela ideia esboçada pela *anterior* redação do art. 288 do Código Penal, constitutiva da *quadrilha ou bando*, que é a reunião de mais de três pessoas, logo, quatro ou mais.[3]

Vale observar que, a partir da edição da Lei 12.850/2013 modificando-se a redação do referido art. 288 do Código Penal, eliminou-se o título (quadrilha ou bando), que, de fato, era defasado e corroído pelo tempo, atingindo-se a terminologia adequada, correspondente a "associação criminosa". Entretanto, retrocedendo na antiga inteligência da composição de *quadrilha ou bando*, estipulou-se o mínimo de três pessoas para a sua configuração.

Permanece-se, lamentavelmente, sem uniformidade: mantém-se o número de duas pessoas na Lei de Drogas; cria-se o mínimo de três pessoas na associação criminosa do Código Penal; exigem-se pelo menos quatro pessoas na organização criminosa.

Em suma, a organização criminosa, no Brasil, somente pode validar-se como tal com um número mínimo de quatro integrantes. Sob outro aspecto, o menor de 18 anos (adolescente) pode compor esse número mínimo, desde que tenha noção básica de estar *integrando* um grupo, com entendimento de hierarquia e finalidades propostas. É o que sustentamos em nossas outras obras (*Curso de direito penal*, *Manual de direito penal*, *Código Penal comentado*) acerca da composição do número mínimo de

---

3. Nesse prisma, Andrea Castaldo considera o número de pessoas (para formar uma organização criminosa) um "pseudoproblema". O mais importante é considerar a sua potencialidade ofensiva (ob. cit., p. 272).

três pessoas para formar a associação criminosa.[4] É o que se denomina *concurso impróprio*. Por óbvio, a criança não integraria nem associação criminosa nem outra forma de organização, por completa falta de inteligência do que isso significa; pode, sim, ser usada como instrumento (autoria mediata) para o cometimento de algum delito.

Quanto ao agente infiltrado, não há como computá-lo para constituir o número mínimo de quatro integrantes, pois a sua intenção é eliminar a organização e não dela fazer parte. Inexiste a vontade de se associar, afastando a durabilidade e a permanência do grupo *mínimo* de quatro integrantes. Ademais, a questão é basicamente teórica, pois a infiltração de agentes já é rara em autênticas organizações criminosas, de modo que seria quase impossível que ela se desse num grupo de três indivíduos (mera associação criminosa).

b) estruturalmente ordenada: exige-se um conjunto de pessoas estabelecido de maneira organizada, significando alguma forma de hierarquia (superiores e subordinados). Não se concebe uma *organização criminosa* se inexistir um escalonamento, permitindo ascensão no âmbito interno, com chefia e chefiados;

c) divisão de tarefas: a decorrência natural de uma organização é a partição de trabalho, de modo que cada um possua uma atribuição particular, respondendo pelo seu posto. A referida divisão não precisa ser *formal*, ou seja, constante em registros, anais, documentos ou prova similar. O aspecto *informal*, nesse campo, prevalece, justamente por se tratar de atividade criminosa, logo, clandestina;

d) obtenção de vantagem de qualquer natureza: o objetivo da organização criminosa é alcançar uma *vantagem* (ganho, lucro, proveito), como regra, de cunho econômico, embora se permita de *outra natureza*. Nas palavras de Bitencourt e Busato: "sustentamos que *vantagem de qualquer natureza* – elementar do crime de participação em organização criminosa –, pelas mesmas razões, não precisa ser necessariamente de natureza econômica. Na verdade, o legislador preferiu adotar a locução vantagem de qualquer natureza, sem adjetivá-la, provavelmente, para não restrin-

---

4. No mesmo sentido, Cleber Masson e Vinícius Marçal, *Crime organizado*, p. 70.

gir seu alcance".⁵ O ponto faltoso da lei é a ausência de especificação da *ilicitude* da vantagem, pois é absolutamente ilógico o crime organizado buscar uma meta lícita. Afinal, o meio para alcançar a referida vantagem se dá por meio da prática de infração penal, o que demonstra a ilicitude do proveito auferido. De outra parte, essa vantagem pode ser obtida de maneira *direta*, ou seja, executada a conduta criminosa, advém o ganho (ex.: efetivado o sequestro de pessoa, pago o resgate, os delinquentes obtêm diretamente a vantagem), ou de modo *indireto*, vale dizer, desenvolvida a atividade criminosa, o lucro provém de outras fontes (ex.: realiza-se a contabilidade de uma empresa inserindo dados falsos; o ganho advém da sonegação de impostos porque os informes à Receita são inferiores à realidade);

e) mediante a prática de infrações penais cujas penas máximas sejam superiores a 4 (quatro) anos: este elemento também é fruto de política criminal, que, em nosso entendimento, é equivocada. Não há sentido em se limitar a configuração de uma organização criminosa, cuja atuação pode ser extremamente danosa à sociedade, à gravidade abstrata de infrações penais. Em primeiro lugar, corretamente, o texto normativo menciona *infração penal*, em lugar de *crime*, podendo abranger, em tese, tanto os crimes quanto as contravenções penais. Entretanto, inexiste contravenção com pena máxima superior a quatro anos, tornando o conceito de organização criminosa, na prática, vinculado estritamente aos delitos. De outra parte, mesmo no tocante aos crimes, eliminam-se os que possuem penas máximas iguais ou inferiores a quatro anos. Ora, é evidente poder existir uma organização criminosa voltada à prática de jogos de azar (contravenção penal) ou de furtos simples (pena máxima de quatro anos).

Há quem sustente ser viável a organização criminosa em torno de contravenção penal, desde que esta infração esteja associada a outras que, pelo emprego do concurso material, torne a pena máxima superior a quatro anos.⁶ Não encontramos fundamento para isso, pois a lei foi clara ao indicar que deva ter a infração penal, por questão de lógica isoladamente, a pena superior a quatro anos. Do contrário, nem teria sentido estabelecer um patamar a ser atingido pelo crime, já que pelo concurso

---

5. *Comentários à lei de organização criminosa*, p. 34.
6. Eduardo Araujo da Silva, *Organizações criminosas*, p. 27.

material qualquer infração estaria ao alcance da Lei 12.850/2013. Nessa ótica, Masson e Marçal defendem: "para nós, não é possível efetuar a soma das penas máximas, em caso de concurso de delitos, para que seja alcançado o patamar estabelecido em lei. O preceito secundário das infrações penais cometidas deverá ser analisado *isoladamente*, porquanto o conceito previsto no § 1.º do art. 1.º da Lei 12.850/2013 fala em 'infrações penais' com penas máximas superiores a 4 (quatro) anos e não 'imputações penais'".[7]

f) mediante a prática de infrações penais de caráter transnacional: independentemente da natureza da infração penal (crime ou contravenção) e de sua pena máxima abstrata, caso transponha as fronteiras do Brasil, atingindo outros países, a atividade permite caracterizar a *organização criminosa*. Logicamente, o inverso é igualmente verdadeiro, ou seja, a infração penal ter origem no exterior, atingindo o território nacional.[8]

Na jurisprudência:

- TJAC: "A pena máxima inferior à previsão da Lei 12.850/2013 não elide o reconhecimento do crime de organização criminosa, quando demonstrada a transnacionalidade da conduta" (Ap. 0008430-41.2017.8.01.0001 – AC, Câmara Criminal, Rel. Elcio Mendes, 23.11.2017, v.u.).

1.2 Política criminal

A edição da Lei 12.850/2013 parece apontar para um recrudescimento estatal na esfera da punição penal, espelhando a adoção de uma política criminal de matiz rigoroso. André Luís Callegari afirma que "a tendência da política criminal atualmente é no sentido de superar o modelo

---

7. *Crime organizado*, p. 61-62.
8. Assim como os mercados se ampliaram passando da internacionalização à globalização, a criminalidade os acompanhou. A atividade da máfia italiana, por exemplo, antes voltada à agricultura, tornou-se preparada a participar de construções, licitações e negócios imobiliários. Desenvolveu-se o crime organizado para o campo das drogas, distribuídas mundo afora, o tráfico de pessoas, a lavagem de dinheiro, a criminalidade econômico-financeira, a corrupção, entre vários outros fatores (Piero L. Vigna, in Yacobucci, *El crimen organizado*, p. 223-228).

de garantias penais e processuais penais, adquiridas após anos de muito debate e esforço, e substituí-lo por outro de segurança do cidadão ou, ao menos que demonstre esta suposta segurança. (...) A política criminal se 'rearma': o Direito Penal e as penas se expandem".[9]

Em nosso entendimento, as leis penais e processuais penais ainda estão dissociadas de uma política criminal clara, definida, objetiva e eficiente. No Brasil, legisla-se às cegas, conforme o *crime de mídia* do momento, ora elevando penas quando seria desnecessário, ora reduzindo quando também não haveria demanda para tanto. Aguarda-se do legislador, nessa sensível área, a adoção de uma política criminal definida, visto que até agora nada se delineou.

Por outro lado, acreditamos que a "criminalidade organizada é um fator objetivo gerador de insegurança, mas o estado psicológico e social que disso se deriva é imediatamente retroalimentado pelos meios de comunicação e o poder político encarregado da repressão à criminalidade para legitimar assim mais facilmente as sus políticas".[10] Nesse aspecto, a Lei 12.850/2013 trouxe instrumentos abertos o suficiente para que vários órgãos penais de repressão ao crime (Polícia, Ministério Público e Judiciário) atuassem com extrema liberdade, chegando a sufocar direitos e garantias individuais, sem que os Tribunais agissem com a mesma celeridade para coibir abusos.

A Operação Lava Jato é um bom exemplo disso, pois vem atuando com destacado rigorismo e adotando rumos nem sempre fiéis às liberdades individuais, constitucionalmente enumeradas. O que se observa, por parte da sociedade, é um aplauso acrítico ao combate à corrupção, olvidando-se do arguto olhar no tocante à necessária defesa das garantias fundamentais. Nesse ambiente, de fato, com o apoio da mídia, cresce a relevância da *luta contra o crime organizado*, mesmo que nem se saiba ao certo onde ele se encontra e como se desenvolve. Aparentemente, todo indivíduo preso pela referida Operação Lava Jato é um integrante de organização criminosa, embora esse quadro não comporte cem por cento de acerto; ainda assim, quem tenha sido detido preventivamente

---

9. *Crime organizado*, p. 10.
10. Callegari, *Crime organizado*, p. 14.

por engano ou tenha experimentado uma devassa em sua vida pessoal não tem encontrado amparo nos colegiados superiores, estes também mobilizados pela *batalha da moralização*. Tornou-se comum a expedição em série de mandados de prisão e de busca e apreensão em nome do combate às organizações criminosas, sem que se conclua, depois, tratar-se, realmente, de cenário de crime organizado. Muitas vezes, cuida-se de um quadro de associação criminosa (art. 288, Código Penal), crime que não comporta a aplicação rigorosa da Lei 12.850/2013.

Além disso, *criou-se* uma espécie de *condução coercitiva* não prevista em lei – hoje vedada por julgamento proferido pelo STF[11] –, bem como os vazamentos de delações premiadas, conquanto proibidos por lei, tornaram-se habituais, sem que nenhuma autoridade tenha sido responsabilizada – nem sequer investigada.

Em suma, a adoção nítida de uma política criminal tanto pelo Legislativo, quanto pelo Executivo seria essencial, inclusive para sinalizar ao Judiciário o que o Estado Brasileiro tem por meta para enfrentar qualquer espécie de criminalidade.

2. Aplicabilidade por extensão

A finalidade primordial da Lei 12.850/2013 é a definição de organização criminosa; a partir disso, determinar tipos penais a ela relativos e como se dará a investigação e a captação de provas.

Entretanto, estabelece-se a viabilidade de aplicação dessa legislação a situações de delinquência que fogem ao conceito de *organização criminosa*, mas provocam intensa danosidade social, merecendo o rigor estatal.

Preceitua o art. 1.º, § 2.º: "esta Lei se aplica também: I – às infrações penais previstas em tratado ou convenção internacional quando, iniciada a execução no País, o resultado tenha ou devesse ter ocorrido no estrangeiro, ou reciprocamente; II – às organizações terroristas, entendidas

---

11. Por decorrência dessas operações irregulares, a Lei 13.869/2019 (nova Lei de Abuso de Autoridade) criou o tipo incriminador exatamente para essa hipótese: "Art. 10. Decretar a condução coercitiva de testemunha ou investigado manifestamente descabida ou sem prévia intimação de comparecimento ao juízo: Pena – detenção, de 1 (um) a 4 (quatro) anos, e multa".

como aquelas voltadas para a prática dos atos de terrorismo legalmente definidos" (inciso II com redação dada pela Lei 13.260, de 2016).

São duas as possibilidades de extensão, valendo dizer que os institutos da colaboração premiada, ação controlada, infiltração de agentes, captação de provas e crimes contra a administração da justiça são ajustáveis com perfeição.

A primeira delas diz respeito às infrações penais – crime ou contravenção – previstas em tratados e convenções internacionais, assumidos pelo Brasil, como ocorre com o tráfico de drogas e o de pessoas, desde que tenham início em território nacional atingido o estrangeiro ou reciprocamente.

Em face disso, o crime previsto no art. 149-A do Código Penal (tráfico de pessoas), ainda que cometido por um só agente, admite a inserção no contexto da Lei 12.850/2013. Ilustrando, pode-se utilizar a ação controlada. Sob outro aspecto, o crime de tráfico ilícito de drogas (Lei 11.343/2006, art. 33), quando transnacional, embora praticado por apenas três agentes, comporta, exemplificando, a colaboração premiada, nos termos da Lei 12.850/2013.

Observe-se haver divergência entre o disposto pela Lei 12.850/2013 e pela atual Lei 11.343/2006, quanto aos benefícios da colaboração premiada. Exemplo disso é a inviabilidade de perdão judicial no âmbito da Lei de Drogas, mas a sua possibilidade no cenário da Lei 12.850/2013. Ora, cuidando-se esta de lei mais recente, deve prevalecer sobre a anterior, desde que a situação se encaixe no art. 1.º, § 2.º, I, da mencionada Lei 12.850/2013.

A segunda concerne às organizações terroristas definidas em lei, tratando-se, no caso, da Lei 13.260/2016. Em face da relevância, convém mencionar, *in verbis*, o dispositivo da referida Lei do Terrorismo: "art. 2º O terrorismo consiste na prática por um ou mais indivíduos dos atos previstos neste artigo, por razões de xenofobia, discriminação ou preconceito de raça, cor, etnia e religião, quando cometidos com a finalidade de provocar terror social ou generalizado, expondo a perigo pessoa, patrimônio, a paz pública ou a incolumidade pública. § 1º São atos de terrorismo: I – usar ou ameaçar usar, transportar, guardar, portar ou trazer consigo explosivos, gases tóxicos, venenos, conteúdos biológicos, químicos, nucleares ou outros meios capazes de causar danos ou promover destruição em massa;

(...) IV – sabotar o funcionamento ou apoderar-se, com violência, grave ameaça a pessoa ou servindo-se de mecanismos cibernéticos, do controle total ou parcial, ainda que de modo temporário, de meio de comunicação ou de transporte, de portos, aeroportos, estações ferroviárias ou rodoviárias, hospitais, casas de saúde, escolas, estádios esportivos, instalações públicas ou locais onde funcionem serviços públicos essenciais, instalações de geração ou transmissão de energia, instalações militares, instalações de exploração, refino e processamento de petróleo e gás e instituições bancárias e sua rede de atendimento; V – atentar contra a vida ou a integridade física de pessoa: Pena – reclusão, de doze a trinta anos, além das sanções correspondentes à ameaça ou à violência. § 2º O disposto neste artigo não se aplica à conduta individual ou coletiva de pessoas em manifestações políticas, movimentos sociais, sindicais, religiosos, de classe ou de categoria profissional, direcionados por propósitos sociais ou reivindicatórios, visando contestar, criticar, protestar ou apoiar, com o objetivo de defender direitos, garantias e liberdades constitucionais, sem prejuízo da tipificação penal contida em lei". Comentamos a mencionada Lei 13.260/2016 em nosso *Leis penais e processuais penais comentadas*, v. 1.

O previsto no art. 5º da Lei 13.260/2016 amplia a possibilidade de aplicação da lei para os casos de terrorismo, prevendo relevo penal aos *atos preparatórios* ocorridos, com o propósito nítido de realizar essa espécie de delito.

Em suma, todas as infrações penais subsumidas nas hipóteses descritas na Lei 12.850/2013 passam a receber tanto os seus benefícios quanto o seu rigor.

3. Tipo penal incriminador

3.1 Introdução

A revogada Lei 9.034/1995, que cuidava do crime organizado, não trazia um tipo penal incriminador para tal atividade. Assim sendo, a única maneira de se criminalizar qualquer conduta associativa para a prática delituosa dava-se pelo tipo penal do art. 288 do Código Penal (quadrilha ou bando).

Tecnicamente, pois, aprimorou-se o sistema, incluindo um tipo específico para punir o integrante da organização criminosa, além de alterar a redação e modificar o título do delito estabelecido pelo art. 288 do Código Penal.

Embora a Lei 12.850/2013 não tenha fornecido o título ou a rubrica do crime, pode-se perfeitamente adequá-la ao óbvio: trata-se do delito de *organização criminosa*.

3.2 Análise do tipo de organização criminosa

O tipo do art. 2º da Lei 12.850/2013 prevê as seguintes condutas alternativas: *promover* (gerar, originar algo ou difundir, fomentar, cuidando-se de verbo de duplo sentido), *constituir* (formar, organizar, compor), *financiar* (custear, dar sustento a algo) ou *integrar* (tomar parte, juntar-se, completar).

Cuidando-se de tipo penal misto alternativo, pode o agente praticar uma ou mais que uma das condutas ali enumeradas para configurar somente um delito. Das formas verbais previstas, parece-nos inadequada a figura *promover*. Primeiro, pelo duplo sentido; segundo, porque no significado de gerar, encaixa-se no outro verbo *constituir*; ainda, no significado de difundir, torna-se estranha a figura de difundir a organização criminosa, algo que, normalmente, é camuflado.

Em verdade, bastaria o verbo *integrar*, que abrangeria todos os demais. Quem promove ou constitui uma organização, naturalmente a integra; quem financia, igualmente a integra, mesmo como partícipe.

O sujeito ativo pode ser qualquer pessoa, desde que se identifique, claramente, a associação de, pelo menos, quatro pessoas. Esse número mínimo pode ser constituído, inclusive, por menores de 18 anos, que, embora não tenham capacidade para responder pelo delito, são partes fundamentais para a configuração do grupo. Naturalmente, não se está falando de crianças ou adolescentes simplesmente utilizados como instrumentos para a prática de delitos diversos, mas sim de jovens com perfeita integração aos maiores de 18, tomando parte da divisão de tarefas e no escalonamento interno. Há casos concretos de menores de 18 anos que são os líderes da quadrilha, enquanto os maiores não passam de subordinados. Aliás, na redação do art. 288, parágrafo único, do CP, prevê-se, nitidamente, a participação de crianças e adolescentes.

Igualmente, a previsão da causa de aumento do art. 2.º, § 4.º, I, da Lei 12.850/2013.[12]

A previsão exigindo quatro pessoas para configurar a organização criminosa provoca a derrogação do art. 2.º da Lei 12.694/2012 – que menciona três ou mais pessoas –, pois não há sentido algum para se ter, no ordenamento nacional, dois conceitos simultâneos e igualmente aplicáveis do mesmo instituto. Logo, para se invocar o colegiado, independentemente da expressão "para os efeitos desta lei", deve-se estar diante de autêntica organização criminosa, hoje com quatro pessoas, no mínimo. Do mesmo modo, afasta-se do art. 2.º da Lei 12.694/2012 a previsão de crimes cuja pena máxima seja *igual* a quatro anos. Somente penas superiores a quatro ou delitos transnacionais envolvem a organização criminosa.

O sujeito passivo é a sociedade, pois o bem jurídico tutelado é a paz pública. Cuida-se de delito de perigo abstrato, ou seja, a mera formação e participação em organização criminosa coloca em risco a segurança da sociedade.

O delito é doloso, não se admitindo a forma culposa. Exige-se o elemento subjetivo específico implícito no próprio conceito de organização criminosa: obter vantagem ilícita de qualquer natureza.

---

12. De maneira cautelosa, indicando um futuro sem base científica, Rogério Sanches Cunha e Ronaldo Batista Pinto indagam e afirmam que "no mínimo de quatro integrantes, devo computar o agente infiltrado? *Certamente teremos doutrina admitindo. Ousamos discordar.* O policial infiltrado não pode ser computado, pois não age com o necessário *animus* associativo. A sua finalidade, aliás, é diametralmente oposta, qual seja, desmantelar a sociedade criminosa" (*Crime organizado*, p. 17). Os autores discordam de uma futura doutrina que admitiria uma tese ilógica. Admito ser a primeira vez que li um embate de ideais entre o que ainda não foi produzido e o presente. Porém, a preocupação que me absorve é a simples inserção, em tão brilhante obra, dessa indagação, visto que o agente infiltrado *somente* pode agir em cenários de organizações criminosas. Noutros termos, o agente infiltrado, por exemplo, não pode ingressar numa associação criminosa (art. 288, CP), que pode formar-se com três pessoas. Ele só obterá autorização para a sua atuação se *já houver um mínimo de quatro pessoas* devidamente organizado etc. Eis a razão dessa minha modesta colocação. Se, no futuro, houver doutrina afirmando o contrário, juntamente com os autores, espero tomar conhecimento dos argumentos para aprender ou, quiçá, contestar. Eis o trabalho da doutrina.

A expressão *pessoalmente ou por interposta pessoa* é elemento normativo do tipo, dependente de valoração cultural. Seria até mesmo desnecessário, pois equivale a dizer que o agente pode integrar uma organização criminosa direta ou indiretamente, o que é evidente. Mas a cautela do legislador é compreensível, tendo em vista os inúmeros casos de agentes que, realmente, tomam parte de organismos criminosos valendo-se de um "laranja" – o nome vulgar para a *interposta pessoa*. Aliás, a pessoa que se coloca de permeio entre o agente e a organização criminosa pode ser física ou jurídica (vide o caso de *empresas-fantasma*); pode, inclusive, ser pessoa *fantasma*, cujo nome figura no quadro do organismo delituoso, embora seja fictício, criado pelo verdadeiro membro. Esses artifícios não servirão a impedir a criminalização da conduta do integrante da organização criminosa.

O crime é comum, podendo ser cometido por qualquer pessoa; formal, não exigindo para a consumação qualquer resultado naturalístico, consistente no efetivo cometimento dos delitos almejados; de forma livre, podendo ser cometido por qualquer meio eleito pelo agente; comissivo, pois os verbos representam ações; permanente, cuja consumação se prolonga no tempo, enquanto perdurar a associação criminosa; de perigo abstrato, cuja potencialidade lesiva é presumida em lei; plurissubjetivo, que demanda várias pessoas para a sua concretização; plurissubsistente, praticado em vários atos.

Não admite tentativa, pois o delito é condicionado à existência de estabilidade e durabilidade para se configurar. Portanto, enquanto não se vislumbrar tais elementos, cuida-se de irrelevante penal ou pode configurar outro crime. De outra sorte, detectadas a estabilidade e a durabilidade, por meio da estrutura ordenada e divisão de tarefas, o crime está consumado. Em contrário, Masson e Marçal sustentam a viabilidade da tentativa em relação às condutas de promover e financiar a organização criminosa "se, cometido qualquer ato nesse sentido, a finalidade buscada não se consumar por circunstâncias alheias à vontade do autor (ex.: interceptação de panfleto tendente à promoção da organização ou de dinheiro remetido para fins de financiamento)".[13] Segundo nos parece, nem mesmo nessas condutas é

---

13. *Crime organizado*, p. 77.

viável a tentativa. Em primeiro lugar, como já dissertamos linhas atrás, o único verbo relevante desse crime é *integrar* (quem promove, constitui ou financia é um integrante) e, para isso, exige-se durabilidade e permanência. Ademais, custa-nos crer existir alguém que espalhe panfletos *divulgando* (promover) a organização criminosa. Mesmo que, hipoteticamente, alguém o faça, somente o faria se estivesse *integrando* o grupo (crime já consumado). O mesmo se diga do *financiamento*. Parece-nos humanamente inviável que alguém *patrocine* um grupo criminoso sem dele fazer parte. Assim, *financiar* representa *integrar* e, por isso, o delito já está consumado, pouco importando se a quantia chega ou não, naquela oportunidade, aos cofres da organização criminosa.

As penas previstas – reclusão, de 3 a 8 anos, e multa – são elevadas, não admitindo transação ou suspensão condicional do processo. Em caso de condenação, cuidando-se de delito não violento, em tese, é possível aplicar pena alternativa (até 4 anos de reclusão). Comporta os regimes aberto, semiaberto e fechado, dependendo do caso concreto, conforme os elementos do art. 59 do Código Penal.

Deixa-se expressa a adoção do sistema da acumulação material, ou seja, pune-se o integrante da organização criminosa, com base no delito previsto no art. 2.º da Lei 12.850/2013, juntamente com todos os demais delitos eventualmente praticados para a obtenção de vantagem ilícita. Somam-se as penas.

A reforma introduzida pela Lei 13.964/2019 no Código de Processo Penal criou a figura do acordo de não persecução penal, voltado a crimes cuja pena mínima seja inferior a 4 anos, sem violência ou grave ameaça. Desse modo, seria aplicável ao crime de organização criminosa previsto no art. 2.º da Lei 12.850/2013. Ocorre que, no inciso II do § 2.º do art. 28-A do CPP, veda-se a aplicação desse acordo "se o investigado for reincidente ou se houver elementos probatórios que indiquem conduta criminal habitual, reiterada ou profissional, exceto se insignificantes as infrações penais pretéritas". Parece-nos que o integrante de organização criminosa incide nessa vedação, pois a sua conduta, até para configurar o delito, há de ser frequente, durável, demonstrando estabilidade. Por isso, equivale a uma criminalidade habitual, reiterada ou profissional.

Além disso, a mesma Lei 13.964/2019 inseriu o delito de organização criminosa, quando voltado à prática de delito hediondo ou equiparado, no rol dos crimes hediondos (art. 1.º, parágrafo único, V, Lei 8.072/1990).

Ainda, a reforma da Lei 13.964/2019 incluiu o art. 1.º-A na Lei 12.694/2012, prevendo a possibilidade de os Tribunais de Justiça e Regionais Federais instalarem Varas Criminais Colegiadas para julgar delitos relativos a organizações criminosas armadas ou que possuam armas à disposição, bem como o delito do art. 288-A do Código Penal (milícias) e as infrações penais conexas às mencionadas.

Supremo Tribunal Federal

- "3. Em se tratando de delito de natureza permanente, cujos efeitos protraem-se no tempo, revela-se típica a conduta pertinente ao crime de organização criminosa quando a sua consumação, a despeito de iniciada antes da vigência da Lei 12.850/2013, é contemporânea à normativa tipificadora. (...)" (RHC 173.224 AgR, 2.ª T., rel. Edson Fachin, 14.02.2020, v.u.).

- "11. O crime de organização criminosa é de natureza permanente, o que, aliás, é da essência da figura típica criminalizada, considerando que a opção do legislador não foi a de criminalizar a associação eventual para a prática de crimes, mas sim a atuação estruturada e reiterada de grupos voltados à prática de infrações penais" (AO 2275, 1.ª T., rel. Luiz Fux, 23.10.2018, m.v.).

- "4. Tendo por elemento subjetivo do tipo o dolo de associação à prática de ilícitos, a consumação da infração penal prevista no art. 2.º, caput, da Lei 12.850/2013 protrai-se durante o período em que os agentes permanecem reunidos pelos propósitos ilícitos comuns, circunstância que caracteriza a estabilidade e a permanência que o diferem do mero concurso de agentes, motivo pelo qual é conceituado pela doutrina como crime permanente. E como tal, os agentes associados, dotados de conhecimento potencial da ilicitude de suas ações, respondem pelo tipo penal superveniente, ainda que mais gravoso, caso dele tomem ciência e, mesmo assim, não se sintam intimidados a cessar a prática de atos lesivos ao bem jurídico tutelado pelo mandado incriminatório geral exarado pelo Poder Legislativo" (Inq. 3989, 2.ª T., rel. Edson fachin, 11.06.2019, v.u.)

Superior Tribunal de Justiça

- "1. O número mínimo de 4 (quatro) agentes para a configuração do crime do art. 2.º da Lei 12.850/2013 foi afirmado pela instância ordinária a partir do exame que fez sobre as provas dos autos, das quais extraiu não só a atividade delitiva do agravante e demais corréus, mas também de diversas outras pessoas que, a despeito de não terem sido penalmente identificadas e punidas, integravam e dividiam, de forma estável e concatenada, o exercício de relevantes funções no contexto da organização criminosa" (AgRg no REsp 1753609 – SP, 5.ª T., rel. Jorge Mussi, 07.05.2019, v.u.).

- "Quanto ao delito de participação em organização criminosa, a Corte *a quo* concluiu pela existência das elementares do tipo penal previsto no art. 1.º, § 1.º, e no art. 2.º, ambos da Lei n. 12.850/2013, ressaltando ainda que 'o fato de não ter sido imputada aos réus, nestes autos, a prática do delito de contrabando, não descaracteriza a tipicidade da conduta ora em análise'. De fato, o que interessa para a tipicidade do delito é que esteja atestado, como no caso está, segundo o entendimento da própria eg. Corte de origem, o vínculo associativo estável e permanente para a prática de infrações penais entre ao menos quatro agentes. Precedentes" (AgRg no REsp 1.667.283 – PR, 5.ª T., rel. Felix Fischer, 04.12.2018, v.u.).

- "5. A peça acusatória narra a existência de organização criminosa especializada na prática de crimes de roubo a ônibus interestaduais, a veículos, a comerciantes e transeuntes, além de tráfico de drogas, corrupção de menores e porte ilegal de armas de fogo, praticados na capital alagoana e no interior do Estado. Diante disso, o Ministério Público estadual ofereceu a denúncia, baseando-se em provas obtidas no curso do inquérito, dentre elas, a interceptação telefônica dos membros do grupo criminoso. 6. O art. 1.º, § 1.º, da Lei n. 12.850/2013 traz o conceito de organização criminosa para fins de aplicação do referido diploma legal, definindo-a como 'a associação de 4 ou mais pessoas estruturalmente ordenada e caracterizada pela divisão de tarefas, ainda que informalmente, com objetivo de obter, direta ou indiretamente, vantagem de qualquer natureza, mediante a prática de infrações penais cujas penas máximas sejam superiores a 4 anos, ou que sejam de caráter transnacional'. 7. Nos termos do reconhecido para o crime de associação criminosa (CP, art. 288), conquanto se trate de crime plurissubjetivo, a lei não exige a associação de 4 agentes imputáveis, mas apenas o *animus* associativo de 4 pessoas para o fim específico de cometer crimes com pena máxima superior a 4 anos ou transnacionais, sendo admissível, assim, a participação de menor. Deveras, ainda que apenas um dos membros do grupo criminoso seja imputável, restará configurado o crime do art. 2.º, § 2.º, da Lei n. 12.850/2013, se preenchidas as demais elementares do tipo penal incriminador. Afora isso, a participação de criança ou adolescente justificará, inclusive, o incremento da pena de 1/6 a 2/3, conforme a dicção do art. 2.º, § 4.º, I, do retrocitado dispositivo legal. 8. A acusação afirma que o paciente ostenta papel de liderança na organização criminosa, sendo o responsável pela definição dos crimes a serem praticados, restando consignado na denúncia que o acusado 'utilizava menores penalmente inimputáveis para a consecução dos diversos delitos' (e-STJ, fl. 54). Nesse passo, não há se falar de ausência de descrição da conduta do réu quanto ao crime de corrupção de menores. Outrossim, a ausência de apreensão de menor no bojo das investigações não afasta a tipicidade da conduta, notadamente por ter sido ofertada representação contra o adolescente apontado como membro da organização criminosa, na qual lhe é imputada a prática de ato infracional análogo ao delito do art. 2.º, § 2.º, da Lei n. 12.850/2013" (HC 406.213 – AL, 5.ª T., rel. Ribeiro Dantas, 10.10.2017, v.u.).

Tribunal de Justiça do Rio Grande do Sul
- "O tipo penal disposto no art. 2.º, §§ 2.º e .4º, inciso I, da Lei n. 12.850/2013 possui como um dos requisitos a associação de quatro ou mais *pessoas* com estrutura ordenada, com divisão de tarefas e com o objetivo de obter vantagem de qualquer natureza mediante a prática de infrações penais cujas penas máximas sejam superiores a 4 anos, ou de caráter transnacional. Diante do exposto, o requisito objetivo de associação de quatro ou mais *pessoas* não restou preenchido, pois a conduta típica veio comprovada tão somente em relação a Rodrigo e Douglas, pois não foram identificados os indivíduos que estavam presentes nos diálogos pelo aplicativo WhatsApp" (Apelação Criminal 70.082.771.171, 2.ª Câmara Criminal, rel. Rosaura Marques Borba, 12.03.2020, v.u.).

Tribunal de Justiça do Distrito Federal e Territórios
- "1. Conforme previsto no artigo 2.º da Lei 12.850/2013, os requisitos para a caracterização do crime de organização criminosa são: a) associação de 4 (quatro) ou mais pessoas; b) estrutura ordenada

pela divisão de tarefas; e c) obtenção de vantagem direta ou indireta, mediante a prática de crimes cuja pena máxima seja superior a 4 (quatro) anos de reclusão. 2. No caso concreto, as trocas de mensagens entre os grupos rivais, as ostentações de armas, os relatos dos agentes públicos responsáveis pelas investigações e as diversas ocorrências criminais destacadas no relatório policial e na inicial acusatória revelam claramente os esforços dos réus voltados a atingir objetivos ilícitos consistentes na prática de crimes (em especial homicídios e tentativas de homicídios), *com estabilidade suficiente a caracterizar uma associação criminosa*" (APR 20150510054120 – DFT, 2.ª T. Crim., Rel. João Timóteo de Oliveira, 16.02.2017, v.u., grifamos).

Tribunal de Justiça de Minas Gerais

- "1 – A organização criminosa, crime previsto na Lei 12.850/2013 é a associação de 4 ou mais pessoas estruturalmente ordenadas e caracterizada pela divisão de tarefas, ainda que informalmente, com objetivo de obter, direta ou indiretamente, vantagem de qualquer natureza, mediante a prática de infrações penais cujas penas máximas sejam superiores a 4 (quatro) anos, ou que sejam de caráter transnacional. 2 – A prova da existência de associação não ocasional destinada à distribuição de drogas, com estabilidade, organização e divisão de tarefas, ampara a condenação dos agentes pelo crime de associação para o tráfico (...)." (Ap. Crim. 1.0431.15.001225-7/001 – MG, 3ª Câmara Criminal, rel. Octavio Augusto de Nigris Boccalini, 29.11.2016).

3.2.1 *Prisão cautelar*

Se a prática do delito de associação criminosa (art. 288, CP) já tem provocado a decretação da prisão preventiva dos agentes, quando necessário, com maior razão, o cometimento do grave crime de organização criminosa fornece ensejo, mais que justo, para a custódia cautelar. Afinal, essa espécie de crime organizado lesa a ordem pública (desvia dinheiro público a qualquer momento; multiplica o número de crimes em número abusivo; gera resultados lesivos enquanto seus membros não forem detidos), pode provocar danos à instrução (destruição de provas e ameaça a testemunhas) e ainda comprometer a aplicação da lei penal (a fuga é possível em razão das relações estabelecidas entre vários escalões governamentais e pontos no exterior).

Entretanto, é preciso não generalizar, pois muitas associações criminosas (art. 288, CP) estão sendo indevidamente tratadas como organizações criminosas, aumentando – em demasia – a decretação da prisão cautelar. Impõe-se criteriosa avaliação das provas coletadas, a fim de se aquilatar o grau de perturbação à ordem pública ou econômica (principal elemento do crime organizado), fatores de sustentabilidade da prisão preventiva.

Supremo Tribunal Federal

- "1. A decisão que determinou a segregação cautelar apresenta fundamentação jurídica idônea, já que lastreada nas circunstâncias do caso para resguardar a ordem pública, em razão da periculosidade social do agente, evidenciada pelo envolvimento em destacada organização criminosa. 2. Embargos de declaração acolhidos, sem efeitos modificativos, para analisar o pedido de revogação de prisão preventiva e indeferi-lo" (HC 129678 ED – SP, 1.ª T., Rel. Alexandre de Moraes, 16.03.2018, m.v.).

- "Segundo a pacífica jurisprudência do Supremo Tribunal Federal, é legítima a tutela cautelar que tenha por fim resguardar a ordem pública quando evidenciada a necessidade de se interromper ou diminuir a atuação de integrantes de organização criminosa. 5. Agravo regimental ao qual se nega provimento." (RHC 144517 AgR – SP, 2.ª T., Rel. Dias Toffoli, 07.08.2018, v.u.).

Superior Tribunal de Justiça

- "1. Apresentada fundamentação concreta para a decretação da prisão preventiva, evidenciada no fato de o paciente ser integrante de complexa organização criminosa, que reiteradamente vem praticando delitos do e no interior da Cadeia Pública local, com a participação de vários detentos e a aparente chefia de alguns deles, sendo o bando integrado por mais elementos do que se supunha, tendo sido identificadas mais de 05 (cinco) dezenas de pessoas, com a participação de adolescentes, os quais são meras mulas, bem como na apreensão de grande quantidade de drogas, mais de 777 (setecentos e setenta e sete) quilos de maconha, mais de 07 (sete) quilos de cocaína, além de crack, haxixe e LSD, não há que se falar em ilegalidade do decreto de prisão preventiva. 2. *Habeas corpus* denegado." (HC 432722 – PR, 6.ª T., Rel. Nefi Cordeiro, 24.04.2018, v.u.).

- "Mostra-se fundamentada a prisão como forma de garantir a ordem pública em caso no qual se constata que o recorrente é integrante de organização criminosa fortemente armada – com explosivos, fuzis, pistolas, revólveres, coletes balísticos e munições –, bem estruturada e voltada para a prática de roubos a agências bancárias. Além disso, os réus são suspeitos da prática de outros crimes de mesma natureza. Restaram evidenciadas, no caso, a periculosidade concreta do recorrente e a necessidade de desestruturar a organização criminosa a fim de interromper a atividade ilícita. 4. A jurisprudência desta Corte é assente no sentido de que se justifica a decretação de prisão de membros de organização criminosa como forma de interromper as atividades do grupo. 5. Eventuais condições subjetivas favoráveis do recorrente, por si sós, não obstam a segregação cautelar, quando presentes os requisitos legais para a decretação da prisão preventiva. 6. O constrangimento ilegal por excesso de prazo não resulta de um critério aritmético, mas de uma aferição realizada pelo julgador, à luz dos princípios da razoabilidade e da proporcionalidade, levando em conta as peculiaridades do caso concreto. 7. Eventual retardo na tramitação do feito justifica-se (i) pela complexidade do feito que possui cinco réus, com advogados diversos, três fatos e inúmeras testemunhas; (ii) pela necessidade de expedição de carta precatória para citação; e (iii) pelos pedidos de revogação da prisão efetuados pela defesa dos réus. 8. Recurso improvido." (RHC 98792 – RS, 5.ª T., Rel. Reynaldo Soares da Fonseca, 21.06.2018, v.u.).

Tribunal de Justiça do Acre

- "1. Os crimes de porte ilegal de arma de fogo e organização criminosa armada, praticados pela Recorrente, restaram absolutamente autônomos e sem qualquer subordinação. 2. A existência de provas concretas no sentido de que a Apelante, membro de organização criminosa, possuía arma de fogo de uso restrito, constitui fundamentação idônea para valorar o vetor judicial atinente à causa de aumento contida no art. 2.º, § 2.º, da Lei 12.850/2013. 3. Apelo desprovido." (Ap. 0001625-82.2016.8.01.0009 – AC, Câmara Criminal, Rel. Pedro Ranzi, 08.02.2018, v.u.).

Tribunal de Justiça do Amazonas

- "1. Não ocorre constrangimento ilegal quando, além da prova da existência do crime e suficientes indícios de autoria, restam caracterizadas, na espécie, a necessidade de garantia da ordem pública e conveniência da instrução criminal, devidamente fundamentada no decreto de prisão preventiva. 2. *In casu*, os indícios de autoria e de materialidade estão consubstanciados nos elementos existentes nos autos, notadamente, no teor dos depoimentos colhidos na fase inquisitorial. 3. Noutro giro, o *periculum libertatis* resta amparado na necessidade de garantia da ordem pública e na conveniência da instrução criminal, em razão dos fortes sinais que apontam que os pacientes participavam de uma organização criminosa que vendia cursos de graduações ilegais no interior do Estado, alcançando inúmeras vítimas, assim como existem evidências de que os réus suprimiram e subtraíram provas; interceptaram uma das vítimas, antes que esta reclamasse na ESBAM sobre a falsa graduação, e tentaram, a qualquer custo, retornar à ESBAM para continuar a prática criminosa, o que deve ser coibido, por meio da segregação cautelar dos acusados. 4. Quanto aos predicados dos pacientes, é cediço que a simples presença de condições subjetivas favoráveis não impede, per si, a decretação da prisão preventiva. Precedentes. 5. Ordem de *habeas corpus* conhecida e denegada." (HC 4002999-40.2018.8.04.0000 – AM, 1.ª Câmara Criminal, Rel. José Hamilton Saraiva dos Santos, 09.07.2018).

Tribunal de Justiça de Alagoas

- "I – A prisão foi decretada com fundamentação idônea, como garantia da ordem pública, levando-se em conta a periculosidade concreta da conduta e o risco patente de reiteração delitiva. II – A acusação imputada à paciente é de extrema gravidade em virtude das circunstâncias que a cercam, haja vista que, em tese, o crime de homicídio teria sido cometido no cerne de uma organização criminosa de alcance nacional. Além do mais, a paciente responde a outros processos-crime – por tráfico de drogas e porte de arma de fogo – que parecem relacionados ao seu envolvimento na ORCRIM, o que sugere que, colocada em liberdade mais uma vez, poderia tornar a delinquir. III – Ordem conhecida e denegada." (HC 0800388-09.2018.8.02.0000 – AL, Câmara Criminal, Rel. Sebastião Costa Filho, 28.02.2018, v.u.).

Tribunal de Justiça de Santa Catarina

- "A decisão que decretou a restrição de liberdade do paciente encontra-se amparada em fundamentação jurídica legítima, lastreada em elementos concretos depreendidos dos autos acerca das circunstâncias do caso, os quais revelaram a necessidade de se resguardar a ordem pública, haja vista a extraordinária gravidade da conduta imputada, a elevada periculosidade do agente e o concreto risco de reiteração delitiva, conclusões depreendidas do fato de o agente (em tese) participar ativamente de organização criminosa de grande porte, em posição de alto escalão. Circunstâncias que se mostram diametralmente opostas às de corréu cuja prisão foi revogada em julgamento recente da Câmara." (HC 4003003-22.2018.8.24.0000 – SC, 1.ª Câmara Criminal, Rel. Júlio César M. Ferreira de Melo, 22.03.2018, v.u.).

Tribunal de Justiça de São Paulo

- "Organização criminosa, corrupção ativa e peculato. Pedido de revogação da prisão preventiva. Informações existentes nos autos de que o paciente, ao menos em tese, integra organização criminosa voltada à prática de delitos graves, consistentes em crimes de corrupção e desvios de verbas públicas de hospitais. Gravidade concreta da conduta e ofensa à ordem pública demonstradas. Necessidade de manutenção da custódia cautelar. Evidente poderio econômico da suposta organização criminosa, aliado ao íntimo contato do paciente e dos demais corréus com agentes públicos e políticos. Requisitos e fundamentos do art. 312, do CPP, demonstrados. Ordem denegada." (HC 2109604-32.2018.8.26.0000 – SP, 16.ª Câmara de Direito Criminal, Rel. Leme Garcia, 04.09.2018, v.u.).

Tribunal Regional Federal da 5.ª Região

- "Conquanto o paciente não tenha sido condenado pelo crime de tráfico de drogas, ficou comprovada nos autos a sua intensa participação na organização criminosa e na prática de lavagem de capitais, oriundas das atividades ilícitas no tráfico internacional de drogas, elementos suficientes para manutenção da custódia preventiva, sendo pacifico e reiterado o entendimento do STF no sentido de que 'A necessidade de interromper a atuação de organização criminosa constitui fundamentação idônea para a decretação da custódia cautelar (HC 141.170-AgR, Rel. Min. Dias Toffoli; HC 140.299-AgR, Rel. Min. Gilmar Mendes; HC 140.089, Rel. Min. Ricardo Lewandowski; HC 140.608-AgR, Rel. Min. Rosa Weber).' 4. Denegação da ordem, nos termos do Parecer da Procuradoria Regional da República. (HC 08000542420184050000 – SE, 4.ª T., Rel. Edilson Nobre, 15.02.2018, v.u.).

3.2.2 *Prisão voltada para extrair a delação premiada*

Muito embora, no item anterior, tenhamos sugerido a viabilidade da prisão cautelar para os suspeitos de integrar organização criminosa, há de se buscar materialidade e indícios suficientes de autoria para tanto. Esses dois requisitos do art. 312 do CPP precisam estar presentes em qualquer hipótese.

Por outro lado, a prisão provisória, em processo penal, não tem qualquer finalidade *coativa*; ao contrário, fundamenta-se na cessação de danos à sociedade ou no impedimento a novas lesões.

Decretar a prisão cautelar em qualquer modalidade (temporária ou preventiva), dispensando-se os requisitos do art. 312 do CPP, mas focado, exclusivamente, na criação de um meio de coerção a certa pessoa para que *colabore*, denunciando comparsas, é não somente um risco ao Estado democrático de Direito, mas igualmente uma ilegalidade.

A prisão cautelar, no cenário do crime organizado, precisa ser *necessária*. A partir disso, se o preso resolver colaborar, o enfoque é totalmente diferente.

Sob outro aspecto, há de se questionar a decretação da prisão cautelar, porque há justo motivo, mas, se o preso resolver delatar coautores ou partícipes, é colocado em liberdade. Ora, o perigo sumiu? Somente porque o indiciado ou acusado tornou-se um *delator* passa a gozar, automaticamente, da presunção de idoneidade? É evidente que isso não ocorre. Se a prisão foi *indispensável* para a garantia de ordem pública, a delação não pode propiciar a imediata libertação, até que todo o esquema organizacional criminoso sofra danos irreparáveis.

Tem-se observado, com pesar, a utilização da prisão cautelar como instrumento corriqueiro, passível de decretação a qualquer hora, contra qualquer um, para depois buscar a prova contra o preso. Subverter os ditames rigorosos da legalidade no contexto da prisão provisória não solucionará os problemas brasileiros; ao contrário, outros vários dilemas surgirão, especialmente aqueles que dizem respeito ao *cumprimento da lei*.

3.3 Obstrução à justiça

O delito previsto no art. 2.º, § 1.º, da Lei 12.850/2013 não se liga ao mesmo bem jurídico do crime de organização criminosa, que é a paz pública, mas se volta contra a administração da justiça. Cuida-se de um tipo penal de obstrução à justiça.

Os verbos do tipo, de ordem alternativa, são: *impedir* (obstar, interromper, tolher) e *embaraçar* (complicar, perturbar, causar embaraço). Na realidade, os termos são sinônimos, mas se pode extrair, na essência, a seguinte diferença: *impedir* é mais forte e provoca cessação; *embaraçar* é menos intenso, significando causar dificuldade. Tanto faz se o agente pratica um deles ou ambos os verbos, pois incide em crime único.

A expressão *de qualquer forma* é elemento normativo do tipo, de fundo cultural, sendo mesmo desnecessária, afinal, volta-se à conduta *embaraçar*, que significa perturbar. O seu significado já representa algo aberto, passível de se concretizar *de qualquer modo*.

As condutas se voltam ao objeto *investigação de infração penal, envolvendo organização criminosa*, portanto, qualquer persecução criminal, devidamente prevista em lei, conduzida por autoridade competente – como regra, o delegado em inquéritos policiais –, tratando do crime de organização criminosa, previsto no art. 2.º, *caput*, da Lei 12.850/2013.

Segundo cremos, impedir ou embaraçar *processo judicial* também se encaixa nesse tipo penal, valendo-se de interpretação extensiva. Afinal, se o *menos* é punido (perturbar mera investigação criminal), o *mais* (processo instaurado pelo mesmo motivo) também deve ser.[14]

---

14. A interpretação extensiva é utilizada todos os dias pelos Tribunais brasileiros, para suprir determinadas falhas – e não lacunas (senão seria analogia), embora provoque reações totalmente contrárias (Bitencourt e Busato, *Comentários à lei da organização criminosa*, p. 90). *Interpretar* não é suprir lacuna, mas dar o sentido real que a norma possui. Diante disso, nossa posição é, sim, sustentável, aliás, muito utilizada em várias outras questões forenses, citadas explicitamente em meu *Código Penal comentado*. Acompanham o nosso entendimento: Rogério

O sujeito ativo pode ser qualquer pessoa. O sujeito passivo é o Estado, pois o bem jurídico tutelado é a administração da justiça. Debate-se acerca da viabilidade de se incluir como sujeito ativo deste crime o integrante da organização criminosa, em relação ao qual existe investigação em andamento. Há duas posições doutrinárias a respeito: a) não pode ser incluído, pois seria o exercício do seu direito à não autoincriminação; poderia, ainda, gerar um pós-fato não punível; b) deve ser incluído, nos mesmos moldes pelos quais não se autoriza a fraude processual (art. 347, CP) ou a falsa identidade (art. 307, CP). Parece-nos que deva existir uma posição intermediária, levando em consideração alguns aspectos. Em primeiro lugar, se um integrante de organização criminosa destrói provas que o ligam a esse delito, *antes* de instaurada a investigação ou processo-crime, está no exercício da sua própria defesa, não sendo obrigado a se autodenunciar. Em segundo lugar, já instaurada a investigação e apontado o sujeito como integrante da organização criminosa (indiciamento realizado), no mínimo, já não lhe é permitido turbar a referida investigação, promovendo destruição de provas e/ou ameaçando terceiros. Trata-se de um crime gravíssimo (organização criminosa), razão pela qual o Estado, na administração da justiça, não deve ser ludibriado, nem enganado, de *modo ativo* pelo indiciado. Este mantém o seu direito ao silêncio, calando-se, se quiser, agindo de *modo passivo*. No entanto, não pode atuar *ativamente* para coagir testemunhas, por exemplo, significando a prática do crime de coação no curso do processo (art. 344, CP); não pode subornar testemunhas ou peritos, cometendo o crime de suborno (art. 343, CP); não pode fornecer identidade falsa quando for indiciado, praticando a infração de falsa identidade (art. 307, CP).

O ponto fulcral se divide em dois ângulos: a) objeto jurídico tutelado: no crime de organização criminosa é a paz pública; o delito de obstrução à justiça protege a administração da justiça. Assim também os outros crimes, que são contra a fé pública (identidade falsa) e contra a administração pública, focada na justiça (coação no curso do processo

---

Sanches Cunha e Ronaldo Batista Pinto (*Crime organizado*, p. 19); Cleber Masson e Vinícius Marçal (*Crime organizado*, p. 113); estes últimos citam, também, Ana Luiza Almeida Ferro, Flávio Cardoso Pereita e Gustavo Gazzola, Eduardo Luiz Santos Cabette e Marcius Tadeu Maciel Nahur.

e suborno de testemunhas ou peritos). A diversidade de bens jurídicos demonstra a relevância individual de cada um desses crimes, razão pela qual – até mesmo pela análise da punição prevista a eles individualmente considerada – não podem figurar como um mero fato posterior não punível (fruto de política criminal benéfica ao acusado); b) atuação passiva ou ativa do indiciado: se este já é apontado, formalmente, como integrante de organização criminosa, resta-lhe a atividade passiva de *não colaborar em nada com o Estado*. Não precisa prestar declarações, tampouco indicar onde estão as provas contra si. Porém, a sua atitude ativa de destruição de provas, ameaça a testemunhas, coação a autoridades, suborno de perito etc. não pode ser juridicamente tolerada. Deve responder por obstrução à justiça ou, conforme o caso, pelos delitos individualmente cometidos, dependendo do que for mais grave e absorver o(s) outro(s). Exemplo: a obstrução à justiça absorve a fraude processual, cuja pena é menor.

Pune-se a título de dolo, não se admitindo a forma culposa. Não há elemento subjetivo específico.

O crime é comum, podendo ser cometido por qualquer pessoa; formal, não exigindo para a consumação qualquer resultado naturalístico, consistente no efetivo impedimento da investigação na forma *embaraçar*, mas material, quando se refere ao verbo *impedir*, pois demanda a cessação da referida investigação por ato do agente; de forma livre, podendo ser cometido por qualquer meio eleito pelo agente; comissivo, pois os verbos representam ações; instantâneo, cuja consumação se dá em momento determinado na linha do tempo; de dano, cujo bem afetado é a administração da justiça; unissubjetivo, que pode ser cometido por um único agente; plurissubsistente, praticado em vários atos.

Admite tentativa, pois o *iter criminis* comporta interrupção, tanto na modalidade *impedir* como na forma *embaraçar*. Neste último caso, torna-se mais rara a sua configuração, em particular pela expressão *de qualquer forma*.

As penas previstas – reclusão, de 3 a 8 anos, e multa – são elevadas, não admitindo transação ou suspensão condicional do processo. Em caso de condenação, cuidando-se de delito não violento, é possível aplicar pena alternativa (até 4 anos de reclusão). Comportam os regimes aberto, semiaberto e fechado, dependendo do caso concreto, conforme os elementos do art. 59 do Código Penal.

A punição prevista para a obstrução à justiça é a mesma cominada para a organização criminosa, não havendo, nessa hipótese, lesão ao princípio da proporcionalidade. O grave delito de organização criminosa pode deixar de ser apurado devidamente se houver o impedimento descrito como obstrução. Diante disso, os bens jurídicos em questão têm igual quilate: paz pública e administração da justiça.

3.4 Causas de aumento da pena

São circunstâncias legais, integrantes da tipicidade incriminadora, que preveem elevações da pena, por cotas expressas em lei, utilizadas na terceira fase da fixação da pena. Estão todas concentradas no art. 2.º e, por certo, valem tanto para o delito de organização criminosa (*caput*), quanto ao crime de obstrução à justiça (§ 1.º). Trata-se de lição extraída do contexto da individualização da pena. Todas as circunstâncias do(s) crime(s), previstas em determinado tipo penal incriminador podem e devem ser aplicadas, para elevar a pena (causas de aumento) ou para diminuir a sanção (causas de diminuição), independentemente da sua posição no cenário da descrição típica, que conta com o *caput* (tipo básico), podendo admitir outro tipo básico, em algum parágrafo, para, depois, contemplar diversas outras circunstâncias típicas de mensuração da pena. Inexiste qualquer razão técnica para excluir uma causa de aumento aplicável ao tipo incriminador do *caput* do delito apontado no § 1.º.

3.4.1 Emprego de arma de fogo

Aumenta-se a pena de metade, para o delito previsto no art. 2.º, *caput*, quando, ao atuar, a organização criminosa fizer emprego de arma de fogo (art. 2.º, § 2.º, da Lei 12.850/2013).

Diversamente do previsto pelo art. 288, parágrafo único, do Código Penal, que menciona *associação criminosa armada*, neste parágrafo enfoca-se a *atuação* do integrante da organização criminosa, logo, *ação*, associada ao uso de *arma de fogo*.

Referir-se a grupo *armado* permite a dedução de se tratar de arma própria (instrumentos voltados exclusivamente ao ataque e à defesa, tais como revólver, punhal, espada etc.) ou arma imprópria (foice, arpão, faca etc.).

No campo da organização criminosa, somente tem cabimento a arma própria e, particularmente, a arma de fogo.

Em síntese, o integrante da organização criminosa deve utilizar, efetivamente, arma de fogo para a prática de infrações penais destinadas a auferir vantagem ilícita. Assim, também, Bitencourt e Busato: "não basta que algum integrante da organização criminosa seja portador de *arma de fogo*, fazendo-se necessário que a arma seja efetivamente *utilizada* pela organização criminosa em sua atividade-fim. O texto legal fala expressamente 'se na atuação da organização criminosa houver *emprego* de arma de fogo', mesmo que não resulte apreendida referida arma".[15]

Da mesma forma que hoje prevalece no campo do roubo, não é preciso apreender a arma de fogo e periciá-la para que incida essa causa de aumento. Afinal, somente se exige o exame pericial nos crimes que deixam vestígios; por óbvio, não é o caso de *emprego de arma de fogo*, passível de figuração com a simples ameaça. Logo, a prova testemunhal é suficiente para demonstrar a causa de aumento.

Superior Tribunal de Justiça

- "2. Não há ilegalidade na aplicação da causa de aumento prevista no § 2.º do art. 2.º da Lei 12.850/2013 em 1/3, em decorrência da quantidade e qualidade das armas empregadas pela organização criminosa" (AgRg no REsp 1.837.977 – RS, 6.ª T., Rel. Nefi Cordeiro, 18.02.2020, v.u.).

Tribunal de Justiça do Acre

- "1. Havendo nos autos provas suficientes de serem os apelantes componentes de organização criminosa, não há que se falar em desclassificação para o delito de associação criminosa. 2. Basta a prova direta ou indireta de que um dos membros da organização utilize armamento para que a causa de aumento se estenda aos demais participantes, dado o caráter objetivo da qualificadora. (...)" (Ap. 0012926-50.2016.8.01.0001 – AC, Câmara Criminal, Rel. Elcio Mendes, 21.09.2017, v.u.).

---

15. *Comentários à Lei de Organização Criminosa*, p. 63. Como esclarecem Masson e Marçal, o emprego de arma de fogo pode dar-se pelo seu *efetivo uso* ou por conta de seu *porte ostensivo*, o que iguala ambas as situações (*Crime organizado*, p. 85).

3.4.1.1 Prisão provisória

O crime de organização criminosa, por si só, é grave o suficiente para permitir a decretação da prisão preventiva (consultar o item 3.2.1). Se houver causas de aumento, como portar arma de fogo, torna-se ainda mais exigível a segregação provisória do agente.

Tribunal de Justiça de Minas Gerais

- "1. Inexiste constrangimento ilegal quando as circunstâncias fáticas relacionadas ao crime demonstram a gravidade da conduta e a periculosidade do agente, motivos suficientes para justificar a manutenção da prisão para a garantia da ordem pública. 2. A prisão preventiva é admissível, também, pela aplicação do art. 313, I, do CPP, pois o crime em tela é doloso e punido com pena privativa de liberdade máxima superior a 04 (quatro) anos e, além disto, se encontram presentes os pressupostos do art. 312, do mesmo Diploma Legal. 3. Na hipótese dos autos, a periculosidade do paciente é evidente. Extrai-se dos autos que o paciente seria o líder de uma organização criminosa e pessoa que teria encomendado uma caminhonete Nissan Frontier aos outros acusados que, previamente ajustados, com *emprego de armas de fogo*, tentaram subtrair, mediante violência física imposta contra as vítimas Carlos Roberto e Raphael, referida caminhonete, sendo que a violência resultou na morte da vítima Carlos Roberto. Ademais, cumpre ressaltar que consta nas informações prestadas pela autoridade apontada como coatora que trabalhos investigativos angariaram provas convergentes que confirmam a configuração da *organização criminosa integrada*/chefiada pelo paciente e outros protagonistas" (HC 10000130859150000 – MG, 1.ª C., Rel. Walter Luiz, *DJ* 14.01.2014, grifamos).

3.4.2 *Participação de criança ou adolescente*

Eleva-se a pena de um sexto a dois terços quando houver participação de criança ou adolescente na organização criminosa (art. 2.º, § 4.º, I, da Lei 12.850/2013).

O termo *participação* significa *tomar parte*, podendo ser entendido tanto no contexto dos adolescentes integrantes efetivos do agrupamento (concurso impróprio), como também pela instrumentalização de crianças e adolescentes (autoria mediata).[16]

De toda forma, detectada a ligação do menor de 18 anos à organização criminosa, cabe a incidência da causa de aumento.[17]

A opção pelo grau do aumento (1/6 a 2/3) deve vincular-se ao número de crianças ou adolescentes encontrados na organização. Ilustrando, se um adolescente, aumenta-se um sexto; se inúmeros, dois terços.

Tribunal de Justiça do Acre

- "Não há razão para afastar a causa de aumento prevista no § 4.º, inciso I, do art. 2.º da Lei 12.850/2013, quando há vasta prova da participação de adolescente na organização criminosa" (Ap. 0012926-50.2016.8.01.0001 – AC, Câmara Criminal, Rel. Elcio Mendes, 21.09.2017, v.u.).

3.4.3 Concurso de funcionário público

Aumenta-se a pena de um sexto a dois terços, no caso de concurso (autoria ou participação) de funcionário público na organização criminosa ou nos crimes que a esta beneficiem.

O tipo é claro no sentido de se valer o crime organizado da atuação do servidor público para o cometimento das infrações penais, que servem de meio para atingir a vantagem ilícita. Não se trata de praticar apenas crimes funcionais, ou seja, os delitos do funcionário público

---

16. Em contrário, Bitencourt e Busato, sustentando que "a participação de menores não é suficiente para perfazer o mínimo constitutivo exigido por lei (quatro ou mais), porque são inimputáveis e a eles, consequentemente, não pode ser atribuída a prática de crime de nenhuma natureza" (*Comentários à Lei de Organização Criminosa*, p. 64). A participação de criança ou adolescente apontada no texto legal não diz respeito à *responsabilização criminal* nem de um nem de outro. Quer referir-se apenas à inclusão do menor de 18 anos no cenário da organização criminosa, deturpando a formação da sua personalidade. Logo, se a criança ou adolescente *integra* o grupo ou é somente utilizada por ele, trata-se de questão irrelevante.

17. No mesmo sentido, Masson e Marçal, *Crime organizado*, p. 87.

contra a administração, mas qualquer infração penal em que a atuação do servidor seja útil.

O grau de aumento deve ser dosado conforme o nível de comprometimento do funcionário público para beneficiar a organização criminosa; afinal, cuida-se de uma maneira de corrupção do servidor. Ilustrando, quando o funcionário atuar como simples partícipe, a pena pode ser elevada em um sexto; quando atuar diretamente na prática do delito, beneficiando a organização, o aumento deve ser maior, podendo atingir os dois terços.

Extrai-se o conceito de servidor público do art. 327 do Código Penal: "considera-se funcionário público, para os efeitos penais, quem, embora transitoriamente ou sem remuneração, exerce cargo, emprego ou função pública". E também: "§ 1.º – Equipara-se a funcionário público quem exerce cargo, emprego ou função em entidade paraestatal e quem trabalha para empresa prestadora de serviço contratada ou conveniada para a execução de atividade típica da Administração Pública".

3.4.4 Destino do produto ou proveito do crime

O produto da infração penal é a vantagem obtida diretamente pelo cometimento do delito (ex.: no roubo a banco, o dinheiro auferido do cofre é o produto da infração penal). O proveito do crime é o recurso advindo do produto, quando transformado em outra vantagem (ex.: subtraído o dinheiro do banco, no roubo, os agentes compram imóveis; são eles o proveito do delito).

O fundamento da causa de aumento (art. 2.º, § 4.º, III, da Lei 12.850/2013) é a maior dificuldade em rastrear, localizar e sequestrar ou apreender o produto ou proveito da infração penal cometida pela organização quando tudo se vai ao exterior. Naturalmente, os denominados *paraísos fiscais* acolhem vultosas somas de dinheiro *sujo*, protegendo os delinquentes, em especial quando organizados.

Aliás, justamente por conta disso, em época recente, acrescentou-se o § 1.º ao art. 91 do Código Penal, permitindo que seja decretada a perda de bens ou valores equivalentes ao produto ou proveito do crime quando estes não forem encontrados ou quando se localizarem no exterior. E, no § 2.º do mesmo artigo, dispõe-se que as medidas assecuratórias, como o sequestro, poderão abranger bens ou valores equivalentes do investigado ou acusado para posterior decretação da perda.

Noutros termos, quando o criminoso destinar o produto ou proveito do delito ao exterior, pode-se sequestrar seu patrimônio lícito, localizado no Brasil, para se fazer compensação.

Esse é o motivo inspirador da causa de elevação da pena, pois encaminhar a vantagem auferida ao estrangeiro faz que o seu confisco seja difícil, quando não impossível, além de camuflar a materialidade do delito.

O grau de elevação da pena – um sexto a dois terços – deve basear-se no montante desviado. Pouca quantidade admite o aumento de um sexto; quantidades mais significativas podem levar a elevação até dois terços.

3.4.5 Conexão entre organizações criminosas

Não há dúvida de que a atividade da organização criminosa é perigosa, colocando em risco a paz pública. Mais grave se torna o cenário quando há algum tipo de ligação entre duas ou mais organizações independentes, no Brasil ou no exterior. Eis a razão da causa de aumento de pena, prevista no art. 2.º, § 4.º, IV, da Lei 12.850/2013.

Observou-se, nos últimos tempos, o nefasto contato entre organizações criminosas de presídios, cada uma delas comandando uma facção e uma região do país. A danosidade social é elevada, justificando a causa de aumento.

O grau de elevação da pena deve voltar-se ao número de organizações conectadas, bem como à profundidade dos laços existentes. Ilustrando, se há conexão com outra organização de pequeno porte, o aumento cinge-se a um sexto; caso a ligação se dê com organização de grande porte ou com mais de uma, a elevação pode chegar a até dois terços.

3.4.6 Transnacionalidade

Esta causa de aumento (art. 2.º, § 4.º, V, da Lei 12.850/2013) é inaplicável, pois o *caráter transnacional* é elementar do tipo penal incriminador, composto pelo art. 2.º, *caput*, c/c o art. 1.º, § 1.º, da Lei 12.850/2013.

Caracteriza-se a organização criminosa justamente por ter caráter transnacional, de modo que não se pode elevar a pena caso "as circunstâncias do fato evidenciarem a transnacionalidade da organização". Noutros termos, toda associação de quatro ou mais pessoas, estruturada, com divisão de tarefas, objetivando vantagem ilícita, mediante a prática de delitos *ou com feição transnacional*, constitui organização criminosa. Fazer incidir o aumento do inciso V equivale ao indevido *bis in idem*, que é a dupla punição pelo mesmo fato.

Em contrário, expõem Masson e Marçal que o "caráter transnacional não é elemento inerente a toda e qualquer organização criminosa, não fazendo parte de sua essência". Depois, argumentam que, se o caráter exclusivamente transnacional for levado em conta para a tipificação de organização autora de delitos com pena máxima inferior a 4 anos, não terá incidência a causa de aumento.[18] Tornamos a insistir que o legislador se valeu do elemento *transnacionalidade* para permitir a tipificação de uma organização criminosa. Assim fazendo, inutilizou o mesmo fator para aumentar a pena de seus integrantes, *em qualquer situação*. Pensar o contrário é uma forma de contornar, por via indireta, a vedação da dupla punição pelo mesmo fato.

3.5 Agravante

É circunstância legal, não vinculada à tipicidade incriminadora, que recomenda a elevação da pena, dentro dos limites previstos no preceito secundário, a ser utilizada na segunda fase da fixação da pena.

3.5.1 Comando da organização criminosa

Agrava-se a pena do comandante, líder ou chefe da organização criminosa (art. 2.º, § 3.º, da Lei 12.850/2013). Essa liderança pode ser individual, exercida por uma só pessoa, ou coletiva, dividida com outros integrantes.

A menção final – *ainda que não pratique pessoalmente atos de execução* – é desnecessária, pois, segundo o disposto pelo art. 29 do Código Penal, quem, de qualquer modo, concorre para o crime incide nas penas a ele cominadas. Portanto, *qualquer atividade* é capaz de gerar a concorrência no delito.

Conforme a teoria objetiva do conceito de autor, pode-se considerar o comandante da organização criminosa como autor ou partícipe. Se-

---

18. *Crime organizado*, p. 91.

gundo a teoria objetivo-formal, autor é aquele que executa o tipo penal (executor); partícipe é quem auxilia o executor, sem ingressar no tipo de qualquer forma. De acordo com a teoria normativa, autor é quem executa o tipo e também comanda a ação típica; partícipe é quem auxilia o autor, sem ingressar no tipo.

O ponto fundamental para incidir a agravante é o exercício de liderança no contexto da organização criminosa, não sendo relevante se o comandante apenas dá ordens ou se integra os atos de gestão da organização.

Para aplicar a agravante prevista no § 3.º da Lei 12.850/2013, é suficiente liderar o crime organizado, seja ele considerado autor ou partícipe.

No Código Penal, igualmente, há previsão para agravante similar, prevista no art. 62, inciso I.

4. Aspectos processuais

Dispõe o § 5.º do art. 2.º da Lei 12.850/2013 que, havendo indícios suficientes de que o servidor público integra organização criminosa, ele pode ser afastado, por ordem judicial cautelar, do seu cargo, emprego ou função, sem prejuízo da remuneração, desde que tal medida seja necessária à investigação ou instrução processual.

Essa providência encontra-se em harmonia com as medidas cautelares alternativas à prisão, instituídas pela Lei 12.403/2011, em particular, a prevista pelo art. 319, VI, do Código de Processo Penal: "suspensão do exercício de função pública ou de atividade de natureza econômica ou financeira quando houver justo receio de sua utilização para a prática de infrações penais".

Em lugar da decretação da prisão preventiva, que necessita preencher todos os requisitos do art. 312 do CPP, pode-se tomar medida menos drástica, afastando o servidor de seu posto para evitar qualquer prejuízo à persecução penal.

Para tanto, exige-se a demonstração de *indícios suficientes* de integração do funcionário na organização criminosa. A prova indiciária é indireta, compondo-se de um processo indutivo, conforme previsão do art. 239 do CPP. Dado certo fato comprovado, liga-se a outro ou outros, que permitem concluir a ligação do servidor à organização.

Há dois aspectos a considerar: a) indícios suficientes de existência da organização criminosa (materialidade); b) indícios suficientes de integração do servidor à organização criminosa (autoria). Ambos são indispensáveis para que o juiz ordene o afastamento do funcionário de seu cargo, emprego ou função.

Cuidando-se de medida processual cautelar, mantém-se a remuneração do servidor. O foco para o seu afastamento é a conveniência da investigação ou da instrução processual. Note-se que, havendo grave comprometimento à instrução (ameaça a testemunha, destruição de provas etc.), é caso de decretação da prisão preventiva (art. 312, CPP). No mais, quase sempre, por questão de pura lógica, deve-se afastar o servidor do seu posto, quando detectado o seu envolvimento em organização criminosa, pois não teria sentido apurar a infração penal mantendo-o em plena atividade.

Superior Tribunal de Justiça
- "1. O art. 319, VI, do Código de Processo Penal, e o art. 2.º, § 5.º, da Lei 12.850/2013, possibilitam o afastamento das funções públicas, quando, pela natureza ou gravidade da infração penal, possam as autoridades se valer das prerrogativas inerentes aos cargos e continuar a receber indevidas vantagens, furtando-se à efetivação das atividades de gestão e da escorreita aplicação de vultuosas quantias financeiras, referentes aos contratos firmados com o erário. 2. *In casu*, resta-se demonstrada a concreta necessidade de postergação do prazo da medida cautelar de afastamento, destacando, dentre outros pontos, o surgimento de novos e importantes elementos de prova até então desconhecidos, tais como gravações de áudios, imagens de cartões bancários, depoimentos e diversos outros documentos, ademais de diligências para a identificação de contas realizadas no exterior. Precedentes. 3. O afastamento se impõe como forma de garantia da ordem pública e da lisura da instrução processual. Pedido acolhido para determinar a respectiva prorrogação." (QO na CauInomCrim 7 – DF, Corte Especial, Rel. Felix Fischer, 20.09.2017, v.u.).

Outro ponto interessante, trazido pelo art. 2.º, § 7.º, da Lei 12.850/2013, diz respeito à participação de policial em organização criminosa ou crimes correlatos. Preceitua-se: "se houver indícios de participação de policial nos crimes de que trata esta Lei, a Corregedoria de Polícia instaurará inquérito policial e comunicará ao Ministério Público, que designará membro para acompanhar o feito até a sua conclusão".

Houve expressa opção política pela atribuição investigatória da Corregedoria da Polícia no tocante ao colhimento de dados probatórios contra policial de qualquer escalão, quando envolvido em organização criminosa. Com isso, afasta-se a atividade da Corregedoria de Polícia Judiciária, a cargo do juiz, bem como a atividade investigatória *direta* do Ministério Público.

Aliás, o próprio dispositivo determina a comunicação da investigação instaurada ao *Parquet*, para que designe membro para acompanhar o feito até o final. Enfim, quem investiga o agente policial nos crimes previstos na Lei 12.850/2013 é a própria Polícia, sob fiscalização do Ministério Público.

Caso o policial seja militar, deve ser investigado pela Corregedoria da Polícia Civil, pois não se trata de delito militar – inexiste previsão no Código Penal Militar –, com acompanhamento do Ministério Público.

Na mesma ótica, Bitencourt ressalta que "essa previsão legal atende textualmente a determinação constitucional, qual seja, que cabe ao Ministério Público exercer o controle externo da atividade policial (art. 129, VII). (...) Ou seja, ao Ministério Público caberá 'acompanhar o feito até a sua conclusão'. Acompanhar a investigação não se confunde com *assumir a investigação* e muito menos comandá-la. Na verdade, o Ministério Público tem o dever de acompanhar e exercer efetivamente o controle externo da atividade policial, mas jamais querer assumir o seu papel, substituí-la em sua função, em verdadeira crise de identidade. O Ministério Público é o titular da ação penal, que não se confunde com investigação preliminar, que é constitucionalmente atribuída à polícia judiciária".[19]

---

19. *Comentários à Lei de Organização Criminosa*, p. 70. Denominando essa interpretação de "leitura afoita e parcial" do dispositivo e também que essa conclusão seria "míope", os promotores de justiça Masson e Marçal, possivelmente em leitura corporativista, entendem que o Ministério Público pode investigar à vontade, independentemente do modelo estabelecido pelo § 7.º do art. 2.º (*Crime organizado*, p. 110). É preciso considerar que até hoje não houve lei estabelecendo *como* o MP pode investigar autonomamente. Por outro lado, o STF, ao *permitir* essa investigação, buscou estabelecer uma série de limitações, em nome dos direitos e das garantias individuais, nem sempre observadas pela instituição. Assim, ao desprezar o significado do § 7.º do art. 2.º da Lei 12.850/2013, está-se ignorando

5. Efeitos da condenação

Preceitua o art. 2.º, § 6.º, da Lei 12.850/2013 o seguinte: "a condenação com trânsito em julgado acarretará ao funcionário público a perda do cargo, função, emprego ou mandato eletivo e a interdição para o exercício de função ou cargo público pelo prazo de 8 (oito) anos subsequentes ao cumprimento da pena".

Esse efeito da condenação é genérico e automático, imposto por força de lei, logo, independe da imposição expressa do magistrado na decisão condenatória. Equivale aos efeitos genéricos do art. 91 do Código Penal, que também independem de fixação na sentença.

Observa-se uma contradição entre este parágrafo e o § 5.º, pois neste último somente se pode determinar o afastamento cautelar do funcionário de seu cargo, emprego ou função, enquanto no § 6.º determina-se a perda do cargo, função, emprego ou *mandato eletivo*. Por uma questão de coerência, da mesma forma que se pode determinar a perda do mandato eletivo, deveria ter sido prevista a medida cautelar de afastamento das atividades parlamentares.

Quanto à perda do mandato eletivo, cuidando-se de senadores e deputados federais, há a discussão no tocante à formalização da referida perda. Há duas posições: a) decorre, automaticamente, de lei, assim que transite em julgado a sentença condenatória, pouco importando o *quantum* da pena, sem necessidade de deliberação do Parlamento, pois o condenado perde os direitos políticos (art. 15, III, da CF); b) deve ser deliberada pela Casa Legislativa correspondente (Senado ou Câmara), após o trânsito em julgado da sentença condenatória, nos termos do art. 55, § 2.º, da Constituição Federal.

Em nosso ponto de vista, a segunda posição é a correta, pois a lei ordinária não tem o condão de afastar a expressa disposição constitucional, que sujeita a análise da perda do mandato, em caso de condenação transitada em julgado, à deliberação da Casa Parlamentar correspondente. O disposto pelo art. 15, III, da Constituição tem alcance genérico, envol-

---

a letra da lei, em *homenagem* a uma interpretação questionável de dispositivos constitucionais. Haverá o dia em que essa matéria será mais precisamente tratada tanto pelo Legislativo quanto pela cúpula do Judiciário.

vendo qualquer condenado, mas a regra do art. 55, § 2.º, é especial em relação à primeira. Norma especial afasta a aplicação de norma geral.

Estabelece-se, ainda, a interdição para o exercício de função ou cargo público pelo prazo de oito anos, contados após o cumprimento da pena. É interessante observar outra contradição nesse preceito, pois não se interdita, por igual prazo, o exercício de mandato parlamentar. Noutros termos, impõe-se a perda do mandato, mas não se interdita o condenado a tornar a exercê-lo. Além disso, determina-se a perda de emprego público, mas não se interdita, por oito anos, o retorno ao posto.

6. Início do cumprimento da pena

A Lei 13.964/2019 inseriu o § 8.º no art. 2.º da Lei 12.850/2013, prevendo que: "as lideranças de organizações criminosas armadas ou que tenham armas à disposição deverão iniciar o cumprimento da pena em estabelecimentos penais de segurança máxima".

Há algumas considerações importantes nesse contexto, pois os estabelecimentos penais de segurança máxima destinam-se ao regime fechado, desse modo, cuida-se de uma forma indireta de determinar que o condenado por crime de organização criminosa armada comece a cumprir pena no regime fechado.

Entretanto, essa era a previsão feita pela Lei dos Crimes Hediondos (art. 2.º, § 1.º, Lei 8.072/90), que foi considerada inconstitucional pelo Supremo Tribunal Federal, por lesão ao princípio da individualização da pena (HC 111.840 – ES, Pleno, Rel. Dias Toffoli, 27.06.2012, m.v.). Noutros termos, decidiu-se, naquele julgamento, ser inviável padronizar o regime inicial de cumprimento da pena no fechado; a escolha do regime precisa pautar-se pelos requisitos do art. 59 do Código Penal (circunstâncias judiciais).

Na Lei 12.850/2013, há possibilidade de haver condenação a pena inferior a 8 anos, permitindo, em tese, a fixação dos regimes fechado, semiaberto ou aberto (pena mínima de 3 anos de reclusão, mesmo se considerando as elevações dos §§ 2.º e 3.º do art. 2.º, pode chegar a 4 anos, dando ensejo ao aberto; pode atingir mais de 4 e até 8, dando abertura para o semiaberto).

Porém, se o referido § 8.º determina o *início* do cumprimento da pena em estabelecimento penal cabível ao regime fechado, está-se impondo esse regime para o condenado começar a cumprir a sua pena. Incide-se na mesma hipótese do art. 2.º, § 1.º, da Lei 8.072/90, já declarada inconstitucional pelo STF.

Em suma, não é possível determinar o cumprimento inicial do sentenciado, automaticamente, em estabelecimento penal onde vigora o regime fechado.

7. Progressão de regime

Outra inovação trazida pela Lei 13.964/2019 foi a inclusão do § 9.º ao art. 2.º da Lei 12.850/2013, nos seguintes termos: "o condenado expressamente em sentença por integrar organização criminosa ou por crime praticado por meio de organização criminosa não poderá progredir de regime de cumprimento de pena ou obter livramento condicional ou outros benefícios prisionais se houver elementos probatórios que indiquem a manutenção do vínculo associativo".

Há de se fazer cuidadosa interpretação desse dispositivo, pois equivale a prever que o condenado por crime de organização criminosa ou delito praticado por meio desse tipo de organização *não poderá progredir* de regime nem poderá receber o benefício do *livramento condicional*. Nem a Lei dos Crimes Hediondos previu tamanha rigidez, pois, no início da sua edição, em 1990, já autorizava o livramento condicional quando o condenado atingisse 2/3 do cumprimento da pena (exceto se considerado reincidente específico). Por outro lado, proibia, realmente, a progressão de regime, mantendo o regime fechado desde o início de modo integral. Mas essa norma também foi considerada inconstitucional pelo Supremo Tribunal Federal, por ferir o princípio constitucional da individualização da pena (HC 82.959 – SP, Pleno, Rel. Marco Aurélio, 23.02.2006, m.v.); posteriormente, esse dispositivo foi modificado pela Lei 11.464/2007, permitindo expressamente a progressão.

Diante disso, não pode haver a proibição genérica de progressão de pena ou de obtenção de livramento condicional, tese jurídica já apreciada e consolidada pelo STF. Por outro lado, o referido § 9.º menciona que essa vedação se dá quando houver elementos probatórios indicativos da manutenção do vínculo associativo. Então, pode-se vedar a progressão de regime, o livramento condicional ou outro benefício baseado em critérios subjetivos do condenado, fundado em cometimento de falta grave (manter contato via celular com a organização criminosa) ou pela prática de fato previsto como delito, que dá margem, inclusive, à regressão de regime (art. 118, I, Lei de Execução Penal). Além disso, é possível que esse envolvimento com o crime organizado, mesmo depois de condenado, seja apontado em eventual exame criminológico, demonstrando a falta de merecimento à progressão ou ao livramento condicional.

Em conclusão, a vedação automática é inconstitucional, mas a progressão pode ser brecada quando o juiz, analisando os requisitos subjetivos, atestar que o sentenciado continua ligado à organização criminosa.

Sob outro prisma, após a reforma introduzida pela Lei 13.964/2019, o prazo para a progressão de regime do condenado por exercer o comando, individual ou coletivo, de organização criminosa estruturada para o cometimento de delito hediondo ou equiparado foi fixado em 50% (art. 112, VI, *b*, Lei de Execução Penal).

8. Instrução e prazos

Prevê-se o procedimento ordinário previsto no Código de Processo Penal (arts. 395 e seguintes) para os delitos previstos na Lei 12.850/2013 e para as infrações conexas (art. 22, *caput*, Lei 12.850/2013).

Quanto ao prazo, estipula-se que a instrução criminal deve encerrar-se em *prazo razoável* – segue-se o princípio da razoabilidade, cada vez mais delineado pela jurisprudência pátria –, não podendo ultrapassar 120 dias, quando o acusado estiver preso, mas passível de prorrogação em até igual período, vale dizer, não é preciso prorrogar por outros 120 dias, visto ser este o máximo apenas (art. 22, parágrafo único, Lei 12.850/2013).

Exige-se decisão fundamentada do juiz para essa prorrogação, calcada na complexidade da causa (o que é comum quando se trata de organização criminosa, geralmente com vários corréus) ou inspirada por evento procrastinatório atribuível ao réu (na realidade, à defesa que o representa em juízo; caracteriza-se por pleitos de adiamento ou produção de provas inúteis para o esclarecimento dos fatos).

9. Sigilo na investigação

Toda investigação criminal é sigilosa, como regra, nos termos do art. 20 do Código de Processo Penal: "a autoridade assegurará no inquérito o sigilo necessário à elucidação do fato ou exigido pelo interesse da sociedade". Entretanto, para o advogado, como prerrogativa do exercício profissional, é livre o acesso a qualquer procedimento investigatório, mesmo sem procuração do indiciado. Por isso, para que o sigilo seja ampliado, de modo a permitir o acesso aos autos do inquérito apenas ao advogado com procuração do investigado, torna-se necessária a decisão judicial, impondo o referido sigilo.

Assim, nos termos do art. 23 da Lei 12.850/2013, segue-se essa linha: "o sigilo da investigação poderá ser decretado pela autoridade judicial competente, para garantia da celeridade e da eficácia das diligências investigatórias, assegurando-se ao defensor, no interesse do representado, amplo acesso aos elementos de prova que digam respeito ao exercício do direito de defesa, devidamente precedido de autorização judicial, ressalvados os referentes às diligências em andamento". Toma-se a cautela de prever a intervenção judicial para autorizar o acesso, havendo maior controle, já que se investiga crime grave, como ocorre com a organização criminosa.

Sob outro aspecto, o disposto pelo parágrafo único do art. 23 deve ser analisado com ressalvas ("determinado o depoimento do investigado, seu defensor terá assegurada a prévia vista dos autos, ainda que classificados como sigilosos, no prazo mínimo de 3 (três) dias que antecedem ao ato, podendo ser ampliado, a critério da autoridade responsável pela investigação"). Em primeiro lugar, não se pode *determinar* o depoimento de pessoa investigada, pois há o direito ao silêncio, vale dizer, o investigado presta declarações ou é interrogado se quiser falar. Lembre-se de que o investigado não presta depoimento, mas somente a testemunha o faz sob o compromisso de dizer a verdade; o investigado, sem indiciamento, pode ser ouvido em declarações, sem o compromisso de dizer a verdade; quando estiver indiciado, será interrogado, também sem o dever de narrar a verdade. Pode, então, querendo, nem mesmo comparecer ao ato para o qual foi intimado. Em segundo, havendo interesse em prestar declarações, prevê-se a possibilidade de abertura de vista dos autos ao seu defensor para que analise a investigação previamente. É uma previsão a mais para garantir o que já se considera existente: a prerrogativa do advogado do investigado, com procuração, de acessar os autos do inquérito.

II

PERSECUÇÃO PENAL E MEIOS DE PROVA

1. Introdução

A persecução penal é a denominação da atividade estatal de investigação e processo, no âmbito criminal, com vistas a apurar a prática de infração penal e sua autoria.

Inicia-se, como regra, pela instauração do inquérito policial – procedimento administrativo, sob a presidência da autoridade policial, visando à colheita de provas suficientes a demonstrar a materialidade e a autoria do delito, cuja meta é permitir a formação do convencimento do órgão acusatório –, passando, na sequência, ao processo criminal, instaurado em virtude do recebimento da denúncia ou queixa, assegurando-se ao acusado os direitos constitucionais da ampla defesa e do contraditório. Colhem-se provas e atinge-se a decisão de mérito, condenando-se ou absolvendo-se o réu.

Pontos essenciais tanto à investigação quanto à instrução processual são a prova da existência do crime e de quem foi o seu autor. Nota-se, pois, a relevância da *prova*, significando o ato de provar (demonstrar ao juiz a veracidade de um fato alegado), o meio de prova (instrumento pelo qual se leva ao magistrado o conhecimento do fato) e o resultado da atividade probatória (fez-se prova da imputação).

O objeto da prova é o fato. O seu fim é garantir o convencimento do juiz. Diante disso, as partes valem-se dos meios de prova para atingir suas finalidades: a acusação, carregando o ônus da prova, visa demonstrar a culpa do acusado; a defesa, beneficiando-se da presunção de inocência, tem por finalidade manter o *status quo* de não culpabilidade.

Dentre os vários princípios norteadores do processo penal brasileiro, encontra-se o constitucional referente à vedação da obtenção de provas ilícitas. Vislumbra-se, então, uma atividade probatória limitada pela fronteira da licitude, valendo esmiuçar os particulares meios de prova eleitos pela Lei 12.850/2013.

2. Meios de prova

2.1 Genéricos e específicos

Constituem genéricos meios de prova, no processo penal: testemunha, documento, perícia, confissão, interrogatório, indício, acareação, reconhecimento de pessoa ou coisa, busca e apreensão.

Vale destacar o conteúdo do título do Capítulo II da Lei 12.850/2013, pois se refere à investigação e aos *meios de obtenção da prova*. Noutros termos, indicou, sem dúvida, que a relação ali exposta, nos incisos do art. 3º, cuida de um rol de instrumento apto a atingir a prova. Poder-se-ia, então, dizer que a colaboração premiada não é uma prova, nem um meio de prova, mas somente um mecanismo *para a obtenção* da prova.[1] Não podemos discordar, embora com algumas ressalvas, visto que essa terminologia não encerra a questão de modo absoluto.

A delação – assumir a autoria de um delito e indicar comparsas – sempre foi considerada um meio de prova, similar à confissão, pois ambas são relativas. Tanto a delação quanto a confissão podem ser falsas.

---

1. Consta, agora, expressamente em lei, o acordo de colaboração premiada como meio de obtenção de prova (art. 3.º-A, introduzido na Lei 12.850/2013 pela Lei 13.964/2019).

Tivemos a oportunidade de explorar esse tema em nossa dissertação de mestrado – *O valor da confissão como meio de prova no processo penal*[2] – e elencamos cerca de 21 fundamentos para que alguém fizesse uma confissão falsa. Isso significa não ser impossível a admissão de culpa inverídica, como também é viável a delação falsa. Em suma, não é pelo fato de que a confissão pode ser falsa (como também um testemunho) que ela perde o seu caráter de meio de prova, mormente quando produzida em juízo. Diante disso, a delação também é um meio de prova, pois as declarações do colaborador, quando confirmadas por outras provas, é uma maneira de demonstrar a ocorrência de fatos, componentes da materialidade ou da autoria do crime.

Assim, nem todos os instrumentos do art. 3.º configuram meios de obtenção de prova. A colaboração premiada, tal como ocorre com a confissão, é um meio de prova (seu valor é apurado em cada caso concreto); a captação ambiental é um meio de prova, pois seus registros permitem o conhecimento direto ou indireto de fatos relevantes ao processo; a interceptação de comunicações é um meio de prova, não se podendo separar o ato de interceptar do mero registro da gravação (constituem a mesma coisa em momentos diferentes). Por outro lado, a ação controlada, em si mesma, não produz prova; ela depende do que for colhido ao longo de seu desenvolvimento; o acesso a registros de ligações telefônicas e telemáticas e outros dados cadastrais produzem documentos, estes, sim, provas; o afastamento dos sigilos financeiro, bancário e fiscal, do mesmo modo, configura o meio de obter a prova documental; a infiltração policial é outro mecanismo para obter prova, que pode ser testemunhal e documental; finalmente, a cooperação entre instituições e órgãos estatais também representa um mecanismo de extração de futuras provas.

Especificamente, prevê o art. 3.º da Lei 12.850/2013 os seguintes: a) colaboração premiada; b) captação ambiental de sinais eletromagnéticos, ópticos ou acústicos; c) ação controlada; d) acesso a registros de ligações telefônicas e telemáticas, a dados cadastrais constantes de bancos de dados públicos ou privados e a informações eleitorais ou comerciais; e) interceptação de comunicações telefônicas e telemá-

---

2. Hoje, está incorporada em nossa obra *Provas no processo penal*.

ticas, nos termos da legislação específica; f) afastamento dos sigilos financeiro, bancário e fiscal, nos termos da legislação específica; g) infiltração, por policiais, em atividade de investigação; h) cooperação entre instituições e órgãos federais, distritais, estaduais e municipais na busca de provas e informações de interesse da investigação ou da instrução criminal.

A colaboração premiada, a ação controlada e a infiltração de agentes policiais serão analisadas em capítulos próprios.

2.2 Captação ambiental de sinais eletromagnéticos, ópticos ou acústicos

Tal meio de prova se encontra previsto no art. 3.º, II, da Lei 12.850/2013.

As comunicações entre pessoas podem ocorrer de diversas formas, como, por exemplo, via telefone, pela rede mundial de computadores, por carta, de forma presencial etc. Quando se menciona o termo *captação*, quer-se sinalizar para a colheita de determinados dados, feita por um interlocutor em relação ao outro, geralmente de modo capcioso.

Captar, no sentido jurídico, significa fazer que um sinal chegue a um receptor, registrando-o. Busca-se obter conversas mantidas entre duas ou mais pessoas, fora de aparelhos telefônicos ou computadores em geral, em qualquer recinto, público ou privado. Inclui-se nesse cenário também a captação de imagens. Portanto, a captação ambiental, feita por intermédio de aparelhos próprios a tanto, pode alcançar imagens e conversas mantidas a distância em qualquer lugar. Antes do advento da Lei 13.964/2019, introduzindo o art. 8.º-A na Lei 9.296/1996, defendíamos que a captação ambiental, quando realizada em local público, de livre acesso, não dependia de autorização judicial, pois qualquer pessoa poderia ouvir a conversa, servindo depois como testemunha, mesmo sem aparelhos para isso. No entanto, se a conversa se desse em ambiente privado, como em domicílio, a invasão provocada pela captação dos sinais de conversas ou imagens representaria o mesmo que uma invasão ilegal de domicílio, dependente, pois, de autorização judicial prévia. Porém, o art. 8.º-A não faz qualquer distinção em relação à espécie de captação ambiental, razão pela qual se deve entender que, agora, *qualquer* espécie de interceptação de conversa ou recolhimento de imagem, ocorrida em ambiente público ou privado, deverá ter autorização prévia do juiz.

Realizá-la, sem a autorização judicial, configura o crime previsto no art. 10-A da Lei 9.296/1996.

A menção a sinais eletromagnéticos, ópticos ou acústicos significa, apenas, a ampla possibilidade de se gravar a voz, filmar, fotografar e registrar, por qualquer aparelho, de apropriada tecnologia, imagens e sons.

2.3 Acesso a registros de ligações telefônicas e telemáticas, a dados cadastrais constantes de bancos de dados públicos ou privados e a informações eleitorais ou comerciais

Regulando o disposto pelo art. 3.º, IV, da Lei 12.850/2013, encontra-se o art. 15 da referida Lei, nos seguintes termos: "O delegado de polícia e o Ministério Público terão acesso, independentemente de autorização judicial, apenas aos dados cadastrais do investigado que informem exclusivamente a qualificação pessoal, a filiação e o endereço mantidos pela Justiça Eleitoral, empresas telefônicas, instituições financeiras, provedores de internet e administradoras de cartão de crédito".

A previsão do art. 15 não merece censura, pois os dados cadastrais referentes à qualificação pessoal (nome completo, RG, CPF, profissão, nacionalidade, estado civil), à filiação (nome dos pais) e ao endereço (lugar de domicílio ou residência) não constituem *meios de prova* contra o indivíduo, mas sua identificação. O direito de não produzir prova contra si mesmo nunca abrangeu a ocultação de tais dados. Igualmente, não tem o investigado ou acusado o direito de manter silêncio sobre isso. Esses informes constituem dados de natureza pública, não constituindo cenário da intimidade, razão pela qual é desnecessária a intervenção judicial. Por isso, a autoridade policial e o membro do Ministério Público podem acessar os mencionados dados diretamente dos entes retratados no artigo. Aliás, podem ir além, consultando outros órgãos, como os de proteção ao crédito, lojas etc.

Em seguimento, dispõe o art. 16 da Lei 12.850/2013 que "as empresas de transporte possibilitarão, pelo prazo de 5 (cinco) anos, acesso direto e permanente do juiz, do Ministério Público ou do delegado de polícia aos bancos de dados de reservas e registro de viagens".

Não vislumbramos lesão à intimidade nos informes constantes em bancos de dados de empresas de transporte público, capazes de demonstrar para onde alguém se dirigiu ou de onde veio.

Os dados de viagem passam por muitas mãos, tais como agências reguladoras, entes de fiscalização aduaneira, receita federal, enfim, não são sigilosos, nem devem ser. Afinal, o uso de transporte *público* serve para descaracterizar qualquer cenário íntimo.

Finalmente, dispõe o art. 17 da Lei 12.850/2013 que "as concessionárias de telefonia fixa ou móvel manterão, pelo prazo de 5 (cinco) anos, à disposição das autoridades mencionadas no art. 15, registros de identificação dos números dos terminais de origem e de destino das ligações telefônicas internacionais, interurbanas e locais".

Esse dispositivo, no entanto, não corresponde à legitimidade das autoridades mencionadas no art. 15 (delegado e membro do Ministério Público) para ter acesso a dados diversos da qualificação pessoal, filiação e endereço, pois o art. 17 refere-se a registros de ligações telefônicas, algo que ingressa no âmbito íntimo do indivíduo, necessitando de autorização judicial para serem revelados.

Tribunal Regional Federal – 3.ª Região

- "VI – A Lei de Organização Criminosa (12.850/2013) também estatui em seu artigo 3º que, entre os meios de obtenção de prova, em qualquer fase da persecução penal, serão permitidos, sem prejuízo de outros já previstos em lei, o acesso a registros de ligações telefônicas e telemáticas, a dados cadastrais constantes de bancos de dados públicos ou privados e a informações eleitorais ou comerciais (inciso IV). VII – Não se verifica ilegalidade a ser corrigida no que concerne à concessão de senhas para acesso aos policiais federais. Em primeiro plano, as senhas são individualizadas, pessoais e intransferíveis para os policiais que se encontram atuando na investigação. Outro ponto cardeal é que a extensão das informações cingidas aos referidos acessos não está sujeita ao sigilo constitucional. (...)" (HC 69659 – MS, 11.ª T., Rel. Cecilia Mello, 14.02.2017, v.u.).

Tribunal Regional Federal – 4.ª Região

- "O artigo 15 da Lei 12.850/2013 busca coibir eventuais excessos e violações a direitos e garantias fundamentais daqueles que estão sendo investigados por parte dos órgãos incumbidos da *persecutio criminis*. Os dados cadastrais a que se refere o artigo 15 da Lei 12.850/2013 dizem respeito, exclusivamente, à qualificação pessoal, à filiação e ao endereço mantidos pela Justiça Eleitoral, empresas telefônicas, instituições financeiras, provedores de internet e administradoras de cartão de crédito. As informações referentes às relações das chamadas/mensagens efetuadas ou recebidas, duração, e relação das ERBs utilizadas pelos terminais estão sujeitas à cláusula de reserva de jurisdição (CF, artigo 5º, inciso XII), conclusão que se extrai do próprio cotejo dos artigos 15 e 21, parágrafo único, da Lei 12.850/2013, haja vista ser nítida a vontade do legislador em diferenciar os conceitos de 'dados cadastrais', 'registros', 'documentos' e 'informações'. Negativa de provimento ao recurso criminal em sentido estrito e ao reexame necessário." (RCSE 5009657-86.2016.404.7204 – SC, 8.ª T., Rel. Victor Luiz dos Santos Laus, 15.02.2017, v.u.).

2.4 *Interceptação de comunicações telefônicas e telemáticas, nos termos da legislação específica*

Esse meio de prova encontra-se previsto no art. 3.º, V, da Lei 12.850/2013.

Interceptação, no sentido jurídico, significa o ato de imiscuir-se em conversa alheia, seja por meio telefônico ou computadorizado, seja por outras formas abertas ou ambientais.

A Constituição Federal, expressamente, cuida da inviolabilidade da comunicação telefônica, como regra, autorizando, por exceção, que, por ordem judicial, para fins de investigação criminal ou instrução processual penal, ocorra a interceptação, com a consequente gravação, para utilização como meio de prova (art. 5.º, XII). A Lei 9.296/1996 disciplina a forma legal para a ocorrência da interceptação telefônica. Portanto, essa é a legislação específica para esse tema.

Denomina-se escuta telefônica a captação realizada com a ciência de um dos interlocutores da conversa. Não se pode considerá-la, pois, autêntica interceptação telefônica, passível de tipificação no art. 10 da Lei 9.296/1996. Logo, deve-se resolver a questão, admitindo-se ou negando-se a gravação porventura realizada como meio lícito de prova, no âmbito das regras gerais de direito.

Desse modo, tratando-se de conversa sigilosa, não pode ser aceita a gravação sem o conhecimento de ambas as partes, pois constituiria violação da intimidade e dos segredos ali divulgados. Exceção seria feita se um dos interlocutores fosse vítima de crime, valendo-se da escuta telefônica – realizada pela polícia, por exemplo, a seu pedido – para evitar uma extorsão ou livrar-se de uma ameaça. Caso a conversa se desenvolva em lugar público, captada por terceiro (e gravada), com conhecimento de um dos interlocutores, denomina-se de escuta ambiental.

Sobre a captação ambiental, consultar o item 2.2 anterior.

Por derradeiro, quando o próprio interlocutor grava a conversa que mantém com outra pessoa ao telefone, sem a ciência desta, pode-se falar em gravação clandestina. Cuidando-se de conversa sigilosa, a divulgação é vedada, sob pena de violação da intimidade de quem não tinha ciência da gravação realizada. Mas se a conversa não contiver a troca de segredos, é viável a sua utilização como meio de prova. Mais uma vez, exceção seja feita, no caso do segredo, se a parte que grava utilizar a prova em seu benefício, caso seja vítima de um delito.

No mais, quando a gravação clandestina não se der por meio telefônico, chama-se de ambiental. Se um dos interlocutores grava a conversa mantida com outro, não havendo segredos entre eles, é lícita sua utilização. Caso estejam mantendo, expressamente, conversa sigilosa, a gravação e sua posterior divulgação constituem violação da intimidade, logo, prova obtida por meio ilícito. Lembremo-nos de que, embora algumas condutas constituam fato penalmente atípico, podem ferir outras normas, inclusive éticas e morais, perfazendo o caráter de ilegitimidade, que também tem o condão de macular a prova.

Supremo Tribunal Federal
- "O Supremo Tribunal, em julgamento paradigmático, reconheceu, já sob a égide do ordenamento constitucional vigente, que o sigilo de correspondência não é absoluto, tendo esta Corte conferido validade à interceptação da correspondência remetida pelos sentenciados, 'eis que a cláusula tutelar da inviolabilidade do sigilo epistolar não pode constituir instrumento de salvaguarda de práticas ilícitas' (HC 70.814/SP, Primeira Turma, Relator o Ministro Celso de Mello, *DJ* 24.06.1994). 11. Em face da concepção constitucional moderna de

que inexistem garantias individuais de ordem absoluta, mormente com escopo de salvaguardar práticas ilícitas (*v.g.* HC 70.814/SP), a exceção constitucional ao sigilo alcança as comunicações de dados telemáticos, não havendo que se cogitar de incompatibilidade do parágrafo único do art. 1.º da Lei 9.296/96 com o art. 5.º, inciso XII, da Constituição Federal. Precedente e doutrina. 12. Recurso ordinário ao qual se nega provimento" (RHC 132.115, 2.ª T., Rel. Dias Toffoli, 06.02.2018, v.u.).

Superior Tribunal de Justiça

- "2. A decisão que decretou a quebra do sigilo telefônico dos pacientes descreveu, com clareza, a situação objeto da investigação, havendo sido efetivamente demonstrado que a interceptação telefônica seria uma medida adequada e necessária para a apuração da infração penal noticiada e para o prosseguimento das investigações, de maneira que está preservada, integralmente, a validade das provas colhidas" (HC 341.752 – PR, 6.ª T., rel. Rogerio Schietti Cruz, 23.08.2018, v.u.).

- "No caso concreto, a interceptação telefônica foi autorizada pela autoridade judiciária com observância das exigências previstas na Lei n.º 9.296/1996. A interceptação telefônica é perfeitamente viável sempre que somente por meio dela se puder investigar determinados fatos ou circunstâncias que envolverem os denunciados. Na espécie, justifica-se a interceptação como o 'único meio viável' à investigação dos crimes levados ao conhecimento da Polícia Federal, mormente a) se se levar em consideração que os contatos e as negociações das atividades delituosas supostamente cometidas pela organização criminosa e, em especial, pela paciente Claudine se davam, em elevado grau, por telefone; b) pela natureza dos delitos investigados, ou seja, crimes praticados por quadrilha em possível modalidade de organização criminosa, não sendo possível, sem a interceptação telefônica, realizar uma eficaz coleta de provas, suficientes para conhecer e revelar com profundidade as atividades criminosas dos investigados, através dos tradicionais métodos investigativos, sem expor a investigação às ações obstrutivas dos investigados e ao fracasso; c) porque à defesa cabe demonstrar que existiam, de fato, meios investigativos alternativos às autoridades para a elucidação dos fatos à época na qual a medida foi requerida, sob pena de a utilização da escuta telefônica se tornar absolutamente inviável, já que o órgão responsável pelas investigações apresentou justificativas plausíveis para a excepcional utilização da interceptação telefônica. O prazo de duração da interceptação telefônica pode ser seguidamente prorrogado, quando a complexidade da investigação assim o exigir, desde que em decisão devidamente fundamentada, como *in casu*, em se considerando a ausência de comprovação da ilicitude das renovações. Ausência de ilegalidade flagrante apta a fazer relevar a impropriedade da via eleita" (HC 148.413 – SP, 6.ª T., Rel. Sebastião Reis Júnior, j. em 21.08.2014, v.u.).

Tribunal de Justiça da Bahia

- "Apreensão de 1.400 (hum mil e quatrocentas) 'balinhas' de maconha embaladas e prontas para comercialização, 241 (duzentos e quarenta e uma) pedras de crack, 1.400 (hum mil e quatrocentos) pacotes de cocaína, 03 (três) sacos grandes de cocaína a granel, 01 (um) saco grande de maconha a granel. Paciente acusado de participar de associação criminosa de alta periculosidade, gerando operação policial denominada 'centaurus', com participação de 08 (oito) integrantes. Juízo que deferiu interceptação de fluxo de comunicações telefônicas para investigar os fatos da organização criminosa que movimenta cerca de R$ 300.000,00 (trezentos mil reais) por semana. Motivos da impetração: 1. Inexistência dos pressupostos da prisão preventiva. Ordem conhecida e denegada, na esteira do parecer ministerial" (HC 00156450220138050000, 2.ª C., 1.ª T., Rel. Vilma Costa Veiga, *DJ* 07.11.2013).

2.5 *Afastamento dos sigilos financeiro, bancário e fiscal, nos termos da legislação específica*

Esse mecanismo de obtenção de prova vem disciplinado pelo art. 3.º, VI, da Lei 12.850/2013.

O sigilo financeiro é regulado pela LC 105/2001. Somente pode ser quebrado, para fins de prova, mediante autorização judicial.

No mais, os sigilos bancário e fiscal são igualmente tutelados pela Constituição Federal, sob o bem jurídico da *intimidade* e *vida privada*, razão pela qual também só comportam quebra por meio de autorização expedida por juiz competente.

Superior Tribunal de Justiça

- "1. 'A adoção das medidas excepcionais de quebra do sigilo bancário e fiscal do recorrente encontra amparo na presença de indícios da autoria e de prova da materialidade dos crimes imputados, além da demonstração de imprescindibilidade das medidas para o aprofundamento das investigações e esclarecimento dos fatos, situação que não pode, em princípio, ser considerada violadora de direito líquido e certo dos investigados.' (RMS 55.691/MT, Rel. Ministro Jorge Mussi, Quinta Turma, julgado em 02.08.2018, *DJe* 22.08.2018). 2. No caso em exame, tal como pontuado pelo TRF da 3.ª Região, a medida decretada apresenta suficiente motivação, sendo certo que o magistrado processante demonstrou a necessidade da determinação, haja vista o enorme prejuízo ao erário em pauta, superior a vinte milhões de reais, bem como a gravidade dos fatos mencionados na denúncia. 3. Hipótese em que os recorrentes foram denunciados, juntamente com outros 12 corréus, por, em tese, integrarem organização criminosa voltada à prática de crimes envolvendo as obras do Complexo Viário do Rio Baquirivu, em Guarulhos-SP, consistente no superfaturamento, além de outras irregularidades, tanto no processo de licitação quanto na execução do contrato, que, segundo auditoria do TCU, causou um prejuízo de mais de 20 milhões de reais aos cofres públicos federais e municipais. Nessa senda, o *Parquet* Federal vislumbrou a urgência de pleitear a quebra do sigilo bancário e fiscal, 'por ser medida imprescindível para colher elementos suplementares no âmbito da denúncia ora oferecida, especialmente para se ter ideia das consequências (prejuízo financeiro e social) da atividade da organização criminosa ora denunciada (...)', razões bem esmiuçadas na cota encaminhada juntamente à exordial acusatória. 4. A decisão que determinou a quebra do sigilo bancário está devidamente fundamentada, sendo a referida ordem judicial calcada em elementos fáticos devidamente justificados na instância ordinária para a continuidade das investigações envolvendo crimes contra Administração Pública com prejuízo milionário em apuração. 5. Recurso em mandado de segurança não provido" (RMS 46.863 – SP, 5.ª T., Rel. Ribeiro Dantas, 1º.10.2019, v.u.).

2.6 Cooperação entre instituições e órgãos federais, distritais, estaduais e municipais na busca de provas e informações de interesse da investigação ou da instrução criminal

O disposto pelo art. 3.º, VIII, da Lei 12.850/2013 não concerne ao cenário dos meios de prova. A cooperação entre instituições e órgãos federais é decorrência lógica do funcionamento da máquina estatal, além de constituir uma ação positiva de colaboração e não um mecanismo de demonstração da verdade de um fato.

Superior Tribunal de Justiça

- "2. Na hipótese dos autos, a investigação visava apurar crimes de associação criminosa, peculato, fraude em licitação, falsificação de documentos, corrupção passiva e ativa, lavagem de dinheiro, entre outros crimes (Operação Sevandija). Dessa forma, a atuação da Polícia Federal estava amparada no art. 3.º, VIII, da Lei 12.850/2013, que, expressamente, preconiza ser possível a cooperação entre instituições e órgãos federais distritais, estaduais e municipais na busca de provas e informações de interesse da investigação ou da instrução criminal" (AgRg no RHC 85.670 – SP, 6.ª T., rel. Rogerio Schietti Cruz, 25.06.2019, v.u.).

2.7 Sigilo para aquisição de equipamentos

A Lei 13.097/2015 introduziu os §§ 1.º e 2.º no art. 3.º da Lei 12.850/2013, nos seguintes termos: "§ 1.º Havendo necessidade justificada de manter sigilo sobre a capacidade investigatória, poderá ser dispensada licitação para contratação de serviços técnicos especializados, aquisição ou locação de equipamentos destinados à polícia judiciária para o rastreamento e obtenção de provas previstas nos incisos II e V. § 2.º No caso do § 1.º, fica dispensada a publicação de que trata o parágrafo único do art. 61 da Lei 8.666, de 21 de junho de 1993, devendo ser comunicado o órgão de controle interno da realização da contratação."

Tendo sido mencionado o art. 61, parágrafo único, da Lei 8.666/1993 (Lei de Licitações), convém reproduzi-lo por inteiro: "Art. 61. Todo contrato deve mencionar os nomes das partes e os de seus representantes, a finalidade, o ato que autorizou a sua lavratura, o número do processo da licitação, da dispensa ou da inexigibilidade, a sujeição dos contratantes às normas desta Lei e às cláusulas contratuais. *Parágrafo único. A publicação resumida do instrumento de contrato ou de seus aditamentos na imprensa oficial, que é condição indispensável para sua eficácia*, será providenciada pela Administração até o quinto dia útil do mês seguinte ao de sua assinatura, para ocorrer no prazo de vinte dias daquela data, qualquer que seja o seu valor, ainda que sem ônus, ressalvado o disposto no art. 26 desta Lei" (grifamos).

A modificação legislativa foi positiva, pois a captação ambiental de sinais eletromagnéticos, ópticos ou acústicos (inciso II do art. 3.º), e a interceptação de comunicações telefônicas e telemáticas (inciso V do art. 3.º) compõem o universo dos instrumentos à disposição da polícia judiciária para investigar a criminalidade organizada. Portanto, quanto menos for exposto a respeito da *capacidade* investigatória (se eficiente ou deficiente), melhor. No mesmo sentido, busca-se ocultar, na medida do possível, os modelos de aparelhagem adquiridos, para que o crime organizado já não produza algo para combater o instrumento policial. Não se publica o contrato da licitação realizada para adquirir tais equipamentos.

Sob outro aspecto, pode-se dispensar completamente a licitação. Mesmo assim, o contrato assinado entre a Administração e o fornecedor não precisa ser publicado na imprensa oficial. São medidas de cautela. Podem não resolver, mas ajudam no combate à organização criminosa.

3. Provas ilícitas

Em qualquer contexto probatório, tratando-se de meios de prova genéricos ou específicos, é essencial conceder particular relevo às provas ilícitas.

Preceitua o art. 5.º, LVI, da Constituição Federal: "são inadmissíveis, no processo, as provas obtidas por meios ilícitos". No Código de Processo Penal encontra-se o disposto no art. 155, parágrafo único, preceituando que "somente quanto ao estado das pessoas serão observadas as restrições estabelecidas na lei civil".

Por outro lado, no Código de Processo Civil, "as partes têm o direito de empregar todos os meios legais, bem como os moralmente legítimos, ainda que não especificados neste Código, para provar a verdade dos fatos em que se funda o pedido ou a defesa e influir eficazmente na convicção do juiz" (art. 369).

A partir da reforma trazida pela Lei 11.690/2008 passou-se a prever, explicitamente, no Código de Processo Penal, serem ilícitas as provas obtidas em violação a normas constitucionais ou legais, além de se fixar o entendimento de que também não merecem aceitação as provas derivadas das ilícitas, como regra. Por isso, o disposto na lei processual civil era mais rigoroso do que o estabelecido pela lei processual penal. Parece-nos que, agora, todas as normas devam ser interpretadas em consonância com o texto constitucional, valendo-se, também, o operador do Direito da analogia e da aplicação dos princípios gerais de direito (cf. art. 3.º do CPP).

Em suma, o processo penal deve formar-se em torno da produção de provas legalmente produzidas, inadmitindo-se qualquer prova obtida por meio ilícito.

Valemo-nos do entendimento amplo do termo *ilícito*, vedando-se a prova ilegal e a ilegítima. Nesse contexto, abrem-se duas óticas, envolvendo o que é materialmente ilícito (a forma de obtenção da prova é proibida por lei) e o que é formalmente ilícito (a forma de introdução da prova no processo é vedada por lei). Este último enfoque (formalmente ilícito), como defendemos, é o ilegítimo.

De qualquer modo, a Constituição Federal veda a prova ilícita e o Código de Processo Penal deixa claro ser ilícito o que lesa normas constitucionais ou legais. Assim sendo, provas materialmente ilícitas, constitutivas de crimes para a sua produção, e provas formalmente ilícitas, lesivas a dispositivos processuais penais, são todas constitucionalmente inaceitáveis, devendo ser desentranhadas.

3.1 Delação ilícita

Tem-se apregoado que, muitas vezes, autoridades policiais e membros do Ministério Público empreendem verdadeiro *terrorismo* contra o potencial colaborador, integrante de uma organização criminosa, para que ele delate os companheiros. Seriam constrangidos, por horas a fio, mediante tortura psicológica, a aceitar a colaboração premiada. Noutros casos, seus familiares seriam ameaçados, sequestrados ou mantidos em cativeiro para que a delação se concretizasse.

Por óbvio, se a colaboração for conseguida mediante esses artifícios, dentre outros ilegais, a delação passa a constituir prova ilícita, devendo ser desentranhada e desprezada.

Entretanto, não se deve confundir *tortura psicológica* com conversas mantidas entre a autoridade policial, o membro do Ministério Público e o potencial colaborador, enumerando as vantagens da sua delação e o que ele pode evitar de negativo para si e para sua família. Além disso, o delator deve estar sempre acompanhado de defensor.

III

COLABORAÇÃO PREMIADA

1. Conceito, natureza jurídica e valor probatório

Colaborar significa prestar auxílio, cooperar, contribuir; associando-se ao termo *premiada*, que representa vantagem ou recompensa, extrai-se o significado processual penal para o investigado ou acusado que dela se vale: admitindo a prática criminosa, como autor ou partícipe, revela a concorrência de outro(s), permitindo ao Estado ampliar o conhecimento acerca da infração penal, no tocante à materialidade ou à autoria.

Embora a lei utilize a expressão *colaboração premiada*, cuida-se, na verdade, da *delação premiada*. O instituto, tal como disposto em lei, não se destina a qualquer espécie de cooperação de investigado ou acusado, mas àquela na qual se descobrem dados desconhecidos quanto à autoria ou materialidade da infração penal. Por isso, trata-se de autêntica *delação*, no perfeito sentido de *acusar* ou *denunciar* alguém – vulgarmente, o dedurismo.

Bem esclarece Walter Barbosa Bittar que, "etimologicamente, delação advém do latim *delatione*, e significa a ação de delatar, denunciar, revelar etc. No entanto, a palavra delação, de modo isolado, pode ter dois significados nas ciências penais, restando necessária uma breve distinção de sentidos da palavra. Num primeiro momento, delação, na sua acepção de denúncia, deve ser entendida no sentido de *delatio criminis*,[1] ou seja, seria o conhecimento provocado, 'por parte da autoridade policial, de um fato aparentemente criminoso'. Neste sentido, o delator seria uma pessoa, via de regra, sem relação alguma com o fato criminoso. Já, em sua acepção de revelar, se poderia entender a delação como sendo a conduta do participante que efetua 'a admissão da própria responsabilidade por um ou mais delitos, acompanhada da ajuda proporcionada aos investigadores para o conhecimento do mundo criminal a que pertencia'. É nesse segundo sentido que se encontra a figura dos colaboradores ou, no Direito italiano, dos arrependidos (*pentiti*)".[2]

O valor da colaboração premiada é relativo, pois se trata de uma declaração de interessado (investigado ou acusado) na persecução penal, que pretende auferir um benefício, prejudicando terceiros. Embora assuma a prática do crime, o objetivo não é a pura autoincriminação, mas a consecução de um prêmio. Diante disso, é inviável lastrear a condenação de alguém baseado unicamente numa delação. É fundamental que esteja acompanhada de outras provas, nos mesmos moldes em que se considera o valor da confissão. Note-se o disposto pelo art. 4.º, § 16, da Lei 12.850/2013, na redação dada pela Lei 13.964/2019: "Nenhuma das seguintes medidas será decretada ou proferida com fundamento apenas nas declarações do colaborador: I – medidas cautelares reais ou pessoais; II – recebimento de denúncia ou queixa-crime; III – sentença condenatória".

Tem sido objeto de controvérsia a natureza jurídica da delação premiada, que sempre foi considerada – como mera delação, sem qualquer *prêmio* – um meio de prova, funcionando como a confissão, também um meio de prova, embora sempre de força relativa. O reconhecimento de culpa, associado à indicação de outros comparsas e detalhes sobre o crime, é um meio de provar a materialidade e/ou autoria da infração penal. Algumas vozes pretendem basear-se no título dado ao Capítulo II da Lei

---

1. Permitimo-nos introduzir um comentário. É exatamente a situação de qualquer pessoa do povo que leva a conhecimento da autoridade policial a existência de uma infração penal (art. 5.º, § 3.º, do CPP).
2. *Delação premiada*, p. 4-5.

12.850/2013 (Investigação e Meios de obtenção de prova) para lhe retirar o caráter imanente de meio de demonstrar fatos, apontando-lhe somente um mecanismo para se chegar à prova.[3] Se assim fosse, como já deixamos claro no capítulo anterior, a delação não serviria para indicar a existência de um fato juridicamente relevante; afinal, ela somente seria um veículo para levar até a prova. Não nos parece que seja essa a sua natureza jurídica. Fosse assim, o juiz nem poderia a mencionar na sentença condenatória ou em qualquer outra decisão produtora de efeitos negativos ao delatado, como a decretação de uma medida cautelar restritiva de algum direito. Se não é meio de prova, mas um simples caminho para se atingir a prova, mereceria desprezo na avaliação do conjunto probatório. E isso não vem acontecendo na prática forense.

Ela somente não pode ser utilizada isoladamente para sustentar uma condenação. *A questão se vincula ao seu valor e não à sua natureza jurídica.*

Em visão intermediária, com a qual não concordamos, está o magistério de Gustavo Badaró: "não é possível extrair do regime jurídico dado à colaboração premiada uma conclusão segura e, sobretudo, praticamente útil, em classificar a colaboração premiada exclusivamente como um meio de prova, ou apenas como meio de obtenção da prova. Por outro lado, considerá-la como um instituto de natureza 'mista', isto é, como meio de prova e também como meio de obtenção de prova, pouco ou nada representa".[4]

---

3. A posição de considerar a colaboração premiada como *simples meio de obtenção de prova* tem um cunho garantista, buscando evitar que a delação se torne fonte inesgotável de abusos de toda sorte, promovendo e incentivando maior credulidade a uma espécie de prova que terá sempre o mesmo caráter relativo que possui a confissão. No entanto, a realidade das colaborações premiadas, tão celebradas por operações contra a corrupção, no Brasil, mostrou o inverso. Tem-se conferido valor excessivo às delações, justificando acordos que mais se assemelham às barganhas estadunidenses do que ao sistema escolhido pela legislação pátria. Melhor seria considerá-la o que realmente é – um meio de prova – enaltecendo o seu efeito relativo. Noutros termos, ser meio de obtenção de prova ou meio de prova é o de menos: o ponto importante é como os tribunais a visualizam, acolhem e aplicam. Cuida-se de mudança de mentalidade, e não de singela simbologia firmada por termos legais.
4. "A colaboração premiada: meio de prova, meio de obtenção de prova ou um novo modelo de justiça penal não epistêmica?", *in*: Moura e Bottini, *Colaboração premiada*, p. 137.

A delação – premiada ou não – é um meio de prova. Aliás, todo meio de prova pode contribuir para a obtenção de outras provas, bastando checar o depoimento de uma testemunha, quando cita outra, que também pode dar esclarecimento sobre o crime.

Há quem aponte a colaboração premiada como "um negócio jurídico bilateral, que se caracteriza como um contrato, em razão da contraposição de interesses: o Ministério Público (ou o delegado, com a manifestação do Ministério Público) espera a colaboração do investigado ou acusado para a identificação e coleta de elementos de prova".[5]

Não se pode negar que, para a extração da delação premiada, haja um negócio jurídico entre órgãos persecutórios e o interessado, assistido por seu advogado.

Em suma, *a colaboração premiada, em si, é um meio de prova, captado por meio de um negócio jurídico, autorizado em lei.*

No STF, fixou-se que "a colaboração premiada é um negócio jurídico processual, uma vez que, além de ser qualificada expressamente pela lei como 'meio de obtenção de prova', seu objeto é a cooperação do imputado para a investigação e para o processo criminal, atividade de natureza processual, ainda que se agregue a esse negócio jurídico o efeito substancial (de direito material) concernente à sanção premial a ser atribuída a essa colaboração" (HC 127.483-PR, Pleno, Rel. Dias Toffoli, 27.08.2015, v. u.).

A Lei 13.964/2019 introduziu à Lei 12.850/2013 o art. 3.º-A, buscando deixar claro o cenário da definição e a natureza jurídica da delação premiada: "o acordo de colaboração premiada é um negócio jurídico processual e meio de obtenção de prova, que pressupõe utilidade e interesse público".

Portanto, em face do novo texto legal, confirma-se a noção de negócio jurídico atribuída à colaboração premiada e repete-se o que já vinha disposto na Lei 12.850/2013 no sentido de ser ela um meio de *obtenção* de prova, como se não fosse um simples meio de prova. Voltamos a insistir que a ideia de diferenciar o meio de prova do meio de *obter* prova somente gera confusão e não resolve, na prática, a utilização da delação

---

5. Carla Veríssimo, "Principais questões sobre a competência para a homologação do acordo de colaboração premiada", *in*: Moura e Bottini, *Colaboração premiada*, p. 111.

premiada para produzir elemento de convicção ao juiz, durante a investigação e o processo-crime, para inúmeras finalidades cautelares ou de mérito. O único ponto a ser ressaltado é que a colaboração premiada, mesmo sendo um meio de provar um fato, possui valor relativo – como a confissão – necessitando ser confirmada por outras provas idôneas.

A parte inédita e relevante diz respeito ao texto final do referido art. 3.º-A, demonstrando que se deve buscar em qualquer delação uma finalidade útil e interessante à sociedade – e não um mero descortinar de fatos íntimos de alguém, que possam devassar a sua vida privada, sem importância pública.

Superior Tribunal de Justiça
- "5. A jurisprudência do Supremo Tribunal Federal tem entendido que 'a colaboração premiada, como meio de obtenção de prova, tem aptidão para autorizar a deflagração da investigação preliminar, visando à aquisição de coisas materiais, traços ou declarações dotados de força probatória. Essa, em verdade, constitui sua verdadeira vocação probatória. Todavia, os depoimentos do colaborador premiado, sem outras provas idôneas de corroboração, não se revestem de densidade suficiente para lastrear um juízo condenatório' (AP 1003, Rel. Min. Edson Fachin, Rel. p/ acórdão Min. Dias Toffoli, 2.ª T., j. 19.06.2018, acórdão eletrônico *DJe*-262 divulg. 05.12.2018 public. 06.12.2018)" (HC 506.999 – PR, 5.ª T., Rel. Reynaldo Soares da Fonseca, 05.09.2019, v.u.).

2. Prós e contras

É legítima e aceitável essa forma de incentivo legal à prática da delação?

São *pontos negativos* da colaboração premiada: a) oficializa-se, por lei, a traição, forma antiética de comportamento social;[6] b) pode ferir a

---

6. Eis a posição de Bitencourt e Busato: "não se pode admitir, sem qualquer questionamento, a premiação de um delinquente que, para obter determinada vantagem, delate seu parceiro, com o qual deve ter tido, pelo menos, uma relação de confiança para empreenderem alguma atividade, no mínimo, arriscada, que é a prática de algum tipo de delinquência. Não se está aqui a aplaudir qualquer senso de 'camaradagem' para delinquir. Não se trata disso. Estamos, na verdade, tentando falar da *moralidade* e justiça da postura assumida pelo

proporcionalidade na aplicação da pena, pois o delator recebe pena menor que os delatados, autores de condutas tão graves quanto a dele – ou até mais brandas; c) a traição, como regra, serve para agravar ou qualificar a prática de crimes, motivo pelo qual não deveria ser útil para reduzir a pena; d) não se pode trabalhar com a ideia de que os fins justificam os meios, na medida em que estes podem ser imorais ou antiéticos; e) a existente delação premiada não serviu até o momento para incentivar a criminalidade organizada a quebrar a *lei do silêncio*, regra a falar mais alto no universo do delito; f) o Estado não pode aquiescer em barganhar com a criminalidade; g) há um estímulo a delações falsas e um incremento a vinganças pessoais.

São *pontos positivos* da delação premiada: a) no universo criminoso, não se pode falar em ética ou em valores moralmente elevados, dada a própria natureza da prática de condutas que rompem as normas vigentes, ferindo bens jurídicos protegidos pelo Estado; b) não há lesão à proporcionalidade na aplicação da pena, pois esta é regida, basicamente, pela culpabilidade (juízo de reprovação social), que é flexível. Réus mais culpáveis devem receber penas mais severas. O delator, ao colaborar com o Estado, demonstra menor culpabilidade, portanto, pode receber sanção menos grave; c) o crime praticado por traição é grave, justamente porque o objetivo almejado é a lesão a um bem jurídico protegido; a delação seria a *traição com bons propósitos*,

---

Estado nesse tipo de premiação. Qual é, afinal, o fundamento ético legitimador do oferecimento de tal premiação? Convém destacar que, para efeito da *delação premiada*, não se questiona a *motivação do delator*, sendo irrelevante que tenha sido por arrependimento, vingança, ódio, infidelidade ou apenas por uma avaliação calculista, antiética e infiel do traidor-delator" (*Comentários à lei de organização criminosa*, p. 117). E por esse caminho, em voltas, encruzilhadas, cruzamentos, curvas e retornos aos mesmos pontos seguem os autores. Por um lado, não querem aplaudir a camaradagem (amizade) entre bandidos, mas, por outro, invocam a moralidade, a justiça e a própria ética do Estado em colocar criminoso contra criminoso. Ética para delinquentes? Em que mundo se vive? O crime organizado destrói a estrutura estatal, joga sujo, pesado e intensamente. Mas ainda contam com a mão amiga dos que veem no contra-ataque o Estado, por via da delação premiada, uma falta de escrúpulo. O estímulo à traição é o mínimo que o Estado pode e deve fazer para quem quer reduzir, agora sim, os valores éticos e morais da sociedade a zero.

agindo *contra* o delito e em favor do Estado Democrático de Direito; d) os fins podem ser justificados pelos meios, quando estes forem legalizados e inseridos, portanto, no universo jurídico; e) a ineficiência atual da delação premiada condiz com o elevado índice de impunidade reinante no mundo do crime, bem como ocorre em face da falta de agilidade do Estado em dar efetiva proteção ao réu colaborador; f) o Estado já está barganhando com o autor de infração penal, como se pode constatar pela transação, prevista na Lei 9.099/1995. A delação premiada é, apenas, outro nível de transação; g) o benefício instituído por lei para que um criminoso delate o esquema no qual está inserido, bem como os cúmplices, pode servir de incentivo ao arrependimento sincero, com forte tendência à regeneração interior, um dos fundamentos da própria aplicação da pena;[7] h) a falsa delação, embora possa existir, deve ser severamente punida; i) a ética é juízo de valor variável, conforme a época e os bens em conflito, razão pela qual não pode ser empecilho para a delação premiada, cujo fim é combater, em primeiro plano, a criminalidade organizada.

Em face do exposto, parece-nos que a delação premiada é um *mal necessário*, pois o bem maior a ser tutelado é o Estado Democrático de Direito. Não é preciso ressaltar que o crime organizado tem ampla penetração nas entranhas estatais e possui condições de desestabilizar qualquer democracia, sem que se possa combatê-lo, com eficiência, desprezando-se a colaboração dos conhecedores do esquema, dispondo-se a denunciar coautores e partícipes.

---

7. Nesse prisma, Carla Domenico afirma que "o instinto natural de defesa para alguns deu lugar ao instinto natural de sobrevivência. Nesse cenário, o que antes era visto como algo inconcebível tornou-se, de fato, uma alternativa, por vezes um desejo. Desejo de mudança. (...) virou lugar comum a afirmação de que a palavra do colaborador é imprestável, indigna de crédito, porque obtida em um acordo no qual há troca de interesse e, por isso, deve ser desprezada. Nada mais falacioso. (...) Assim, a mentira é o decreto da própria morte. Essa, sem dúvida, a maior garantia do instituto. O que se tem, portanto, atrás da figura do colaborador é um ser humano que muito refletiu, responsável por seus atos e não um mentiroso contumaz" ("Com a palavra: o colaborador", *in*: Moura e Bottini, *Colaboração premiada*, p. 107 e 110).

No contexto das pessoas de bem, sem dúvida, a traição é desventurada, mas não se pode dizer o mesmo ao transferir a análise para o âmbito do crime, por si só, desregrado, avesso à legalidade, contrário ao monopólio estatal de resolução de conflitos, regido por *leis* esdrúxulas e extremamente severas, totalmente distantes dos valores regentes dos direitos humanos fundamentais.

A rejeição à ideia da colaboração premiada constituiria um autêntico *prêmio* ao crime organizado e aos delinquentes em geral, que, sem a menor ética, ofendem bens jurídicos preciosos, mas o Estado não lhes poderia semear a cizânia ou a desunião, pois não seria *moralmente* aceitável. Se os criminosos atuam com regras próprias, pouco ligando para a ética, parece-nos viável provocar-lhes a cisão, fomentando a delação premiada. A *lei do silêncio*, no universo criminoso, ainda é mais forte, pois o Estado não cumpriu sua parte, consistente em diminuir a impunidade, atuando, ainda, para impedir que réus colaboradores pereçam nas mãos dos delatados.

Ademais, como exposto nos fatores positivos da delação, o arrependimento pode surgir, dando margem à confissão espontânea e, consequentemente, à delação. O prêmio deve emergir em lugar da pena, afinal, a regeneração do ser humano torna-se elemento fundamental, antes mesmo de se pensar no *castigo* merecido pela prática da infração penal. Cenas teatrais, barganhas misteriosas, delações falsas e todos os atos de vingança, sem qualquer utilidade efetiva, devem ser punidos com rigor.

Em suma, pensamos ser a colaboração premiada um instrumento útil, aliás, como tantos outros já utilizados, legalmente, pelo Estado, como, por exemplo, a interceptação telefônica, que fere a intimidade, em nome do combate ao crime.[8]

---

8. Afrânio Silva Jardim não tem grandes restrições à colaboração premiada, que vê como um negócio jurídico processual. Sendo a delação facultativa, torna-se mais um instrumento de que se pode valer a defesa de um acusado. Se não se pode impedir alguém de confessar, também não se pode fazê-lo no tocante à delação. Esta, no entanto, merecerá uma avaliação específica do juiz, dentro do seu livre convencimento motivado (prefácio da obra *Crime organizado* – Masson e Marçal, p. 10-11).

2.1 Procedimento para a colaboração premiada

A primeira versão da Lei 12.850/2013 carecia de alguns pontos essenciais, entre os quais o procedimento inicial para o trâmite da proposta de colaboração premiada, abrangendo o seu conteúdo, o seu recebimento e a sua formalização junto aos órgãos estatais adequados, o alcance da sua confidencialidade e os demais desdobramentos até ser apresentada para homologação pelo Judiciário.

2.1.1 A formalização da proposta e a participação da defesa

Estabelece-se que o delator deve apresentar proposta de colaboração por escrito, acompanhada dos documentos necessários a comprovar o alegado na petição de forma abrangente; a peça deve ser elaborada pelo seu advogado, com procuração contendo poderes específicos para tanto, envolvendo todas as tratativas, durante o procedimento integral da colaboração (ou a peça inicial deverá ser assinada conjuntamente pelo advogado e pelo colaborador).

A falta de advogado constituído pelo delator pode ser suprida pelo defensor público, tudo nos termos do art. 3.º-C e seus parágrafos da Lei 12.850/2013. Lembre-se de que é vedada qualquer tratativa de delação premiada *sem a presença de advogado constituído ou defensor público*. Tal medida, introduzida pela Lei 13.964/2019, tem por fim suprir lacuna causadora de problemas concretos anteriormente verificados, quando colaboradores, mal orientados, comunicavam fatos relevantes ao Ministério Público ou à polícia e, depois, não conseguiam dar prosseguimento ao acordo, prejudicando-se com isso.

Inseriu-se, ainda, a hipótese de ser constatada a existência de conflito de interesses, de qualquer espécie, mas, sobretudo, entre colaborador e seu advogado ou defensor público, bem como a presença de delator hipossuficiente, parecendo-nos ser alguém muito pobre, com amparo jurídico inadequado (seria o equivalente ao réu indefeso), cabendo ao celebrante (MP ou delegado) solicitar a presença de outro advogado ou, à sua falta, de defensor público. Trata-se de uma questão de natureza ética para os representantes das instituições receptoras da proposta de acordo, vale dizer, não dar prosseguimento a uma delação mal estruturada, quando se tem um colaborador mal defendido, algo que poderá repercutir mais tarde, inclusive gerando a não homologação do acordo ou mesmo a sua anulação em juízo.

Como já mencionamos, a proposta de acordo deve ser apresentada de forma abrangente, acompanhada dos documentos necessários. Isto significa apontar *todos os fatos ilícitos* para os quais o delator concorreu, com relação direta aos fatos investigados. Essa foi outra cautela da reforma introduzida pela Lei 13.964/2019: não é o delator uma testemunha de fatos alheios à sua conduta, envolvendo somente terceiros. Seria descaracterizar a própria delação. Logo, admitir a prática criminosa é o primeiro passo; após, apontar os cúmplices e o que cada um fez; em terceiro, demonstrar a ligação imediata entre as condutas e tudo o que está sendo pelo Estado investigado (art. 3.º-C, § 3.º, da Lei 12.850/2013).

Evita-se a eventual pressão de certas autoridades para que alguém, interessado em ter algum benefício (redução de pena ou outra forma de atenuação pelo que fez), comece a narrar fatos estranhos à investigação, que até podem ser criminosos, mas não irão gerar colaboração premiada, visto ser somente um testemunho; evita-se, ainda, a narrativa de fatos implicando confissão de crime, sem o apontamento de cúmplices, o que também não é uma delação premiada. Enfim, quer-se afastar aquela *conversa informal*, mesmo sob pressão, quando o declarante, interessado em acordo, *fala demais* e não se encaixa, depois, no perfil devido de colaborador com direito à premiação prevista em lei.

Essas formalidades possuem, igualmente, o objetivo de evitar que se determine a prisão cautelar de alguém *somente* com o intuito de o pressionar a delatar cúmplices, assumindo um ou mais crimes. A pressão nesse caso se concentraria na hipótese de *falando, consegue a liberdade*; não contando algo interessante à autoridade que o ouve, continuaria detido. Exigindo a proposta formal de acordo, com a presença do advogado ou defensor público, dentro do contexto investigado pelo Estado, sem o extrapolar, visando assumir um ilícito, entregando comparsas, a prisão cautelar se torna menos eficiente para essa finalidade.

Buscando-se contornar a denominada *delação informal*, a lei impõe à defesa do colaborador o ônus de dar início à prova que sustentará o acordo, apresentando fatos coerentes e minuciosamente descritos, com todas as suas circunstâncias, apontando as provas e os fundamentos para a corroborar (art. 3.º-C, § 4.º, Lei 12.850/2013).

2.1.2 Confidencialidade do acordo em todas as fases

Não foram poucos os *vazamentos* de acordos de delação premiada muito antes de terem sido homologados pelo juízo e usados durante a instrução de um processo-crime. Aliás, há casos – e não foram poucos – de delações noticiadas pela imprensa, em todos os níveis, antes mesmo de consumado o acordo (ex.: "Fulano vai dizer o seguinte...", estampa-se com destaque em jornais e revistas).

A vedação à divulgação da identidade e da imagem do colaborador, constante do art. 5.º, V, da Lei 12.850/2013, tem sido regularmente desprezada pelos órgãos de imprensa. Há inclusive uma figura criminosa a respeito (art. 18 da mesma Lei). O argumento acerca da *liberdade de imprensa* cede espaço à exceção firmada pelo art. 220, § 1.º, da Constituição Federal, que determina a observação ao contido no art. 5.º, X, da mesma Carta. Deve-se preservar o direito à intimidade, vida privada, imagem e honra da pessoa, algo aplicável ao delator, mas, infelizmente, ignorado não somente pela imprensa, mas, também, pelas autoridades, que não determinam a instauração de investigação criminal para apurar o vazamento do que é sigiloso, além da conduta do jornalista que infringe o direito à inviolabilidade da intimidade e imagem alheias.

A alteração introduzida pela Lei 13.964/2019, acrescentando o art. 3.º-B à Lei 12.850/2013, indica o *marco de confidencialidade*, a partir do *recebimento* da proposta de acordo pelo Ministério Público ou pela polícia, configurando *violação de sigilo* e *quebra de confiança e de boa-fé* a divulgação dessas tratativas iniciais ou de qualquer documento que as formalize. Trata-se, em nosso entendimento, de um sigilo imposto por lei, independentemente de qualquer decisão judicial ou emprego de analogia com o sigilo do inquérito policial, previsto no Código de Processo Penal. Na realidade, é um sigilo *com força de decisão judicial*, pois a parte final do *caput* do referido art. 3.º-B aponta que esse sigilo segue até o seu *levantamento* por decisão judicial. Somente o juiz pode tornar público o acordo, mesmo assim após o recebimento da denúncia ou queixa, "sendo vedado ao magistrado decidir por sua publicidade em qualquer hipótese" (parte final do § 3.º do art. 7.º da Lei 12.850/2013). Essa vedação foi introduzida pela Lei 13.964/2019 certamente com base em fatos pretéritos, quando autoridades judiciárias liberaram a publicidade de acordos de delação premiada ainda em fase pré-processual, causando graves prejuízos a terceiros.

2.1.3 Indeferimento sumário da proposta de acordo

Abriu-se essa possibilidade, de maneira clara, no art. 3.º-B, § 1.º, da Lei 12.850/2013 (modificada pela Lei 13.964/2019), evitando-se as *idas e vindas* de uma proposta nitidamente vazia de conteúdo juridicamente relevante. Cessa-se, também, a especulação nascida com a mera possibilidade de ocorrência de uma delação premiada, cujo trâmite se arrasta sem solução por muito tempo.

Tendo em vista que o STF confirmou a viabilidade de ser o delegado autoridade com atribuição para celebrar o acordo de delação premiada,[9] tanto quanto o membro do Ministério Público, o indeferimento pode ter duas vias. Ou, caso indeferido o pleito por uma autoridade, pode seguir em outro campo, sendo processado, como já ocorreu, inclusive chegando a juízo para ser homologado.[10]

Demanda-se o indeferimento motivado, dando-se ciência ao interessado, que poderá, como mencionado no parágrafo anterior, buscar outra via (MP ou polícia, conforme o caso). Entretanto, caso o indeferimento sumário se faça *sem a devida justificativa*, inexiste qualquer previsão legal expressa para sanar essa lacuna.

2.1.4 Processamento da proposta de acordo

Inexistindo o indeferimento sumário, indica o § 2.º, combinado com o § 5.º do art. 3.º-B da Lei 12.850/2013 (modificada pela Lei 13.964/2019), devam as partes firmar o termo de recebimento da proposta de colaboração

---

9. ADI 5.508, Pleno, 20.06.2018, m.v.
10. Em nossa visão atual, não poderia o delegado celebrar acordo de colaboração premiada contra a vontade do Ministério Público, pois este é o titular da ação penal. É preciso lembrar-se de que o referido acordo pode limitar muito a atuação ministerial, conforme o benefício previsto para o delator; o ápice seria, a pedido do delegado, a concessão do perdão judicial, que provocaria a extinção da punibilidade. Defendendo a inconstitucionalidade da atuação do delegado, Masson e Marçal, *Crime organizado*, p. 214.

(algo, em princípio, desnecessário, visto não ter havido o indeferimento sumário) e, também, o termo de confidencialidade (seria igualmente desnecessário, pois o sigilo é imposto por lei, como se pode constatar da leitura do *caput* desse artigo) para o prosseguimento das tratativas.

Quer-se crer seja a *formalização*, por meio de dois termos específicos, a cargo das autoridades públicas envolvidas, mas contando com a assinatura do colaborador e de seu advogado ou defensor público com poderes específicos, a maneira *mais cristalina* de indicar o vínculo entre as partes e o seu conhecimento de que o sigilo é essencial nessa fase. Assim, vazamentos ocorridos demandam a instauração de investigação para apurar a prática de crime de violação de segredo (art. 325 ou art. 153, ambos do Código Penal, conforme o caso concreto).

A vinculação ao prosseguimento do acordo pretende evitar que os órgãos públicos envolvidos (MP e/ou polícia) na negociação voltem atrás depois de tomar conhecimento das informações prestadas pelo delator. Diante disso, a própria lei impede o posterior indeferimento sem justa causa.

Se houver, parece-nos cabível peticionar ao juiz responsável pela homologação. Se este considerar indevido o indeferimento, determinará o prosseguimento das tratativas. Se a intervenção judicial não fosse admissível, a letra da lei seria inútil ao preceituar que os termos firmados *impedem o indeferimento posterior sem justa causa*. Isso não impede que o celebrante, findas as tratativas, se recuse a firmar o acordo, levando-o à homologação. Quando o fizer, o poder público não poderá se valer das informações ou provas fornecidas pelo colaborador, de boa-fé (eis que, tendo agido de má-fé, as provas podem ser usadas), para qualquer outra finalidade (art. 3.º-B, § 6.º, Lei 12.850/2013). Por outro lado, se houver desistência do delator de boa-fé para o fechamento do acordo, cremos não poder o órgão público valer-se das provas ou informações oferecidas, ao menos para incriminar o colaborador, fazendo-se um paralelo com o preceituado pelo art. 4.º, § 10, da Lei 12.850/2013.

Todas essas cautelas, tomadas pela Lei 13.964/2019, ao introduzir os arts. 3.º-A a 3.º-C, voltam-se a corrigir os excessos e desvios de finalidade concretizados nos anos que sucederam a edição da Lei 12.850/2013, contando, inclusive, com a desistência por parte de órgãos públicos de acordos de delação, já recebidos e processados, mas antes da homologação, quando muitos informes já tinham sido prestados pelo delator, significando um prejuízo para este, direto ou indireto, e para terceiros envolvidos pela sua narrativa. Uma atitude antiética, mas que não poderia ser considerada ilegal.

Permite-se, como regra, a continuidade da investigação criminal para apurar os fatos, mesmo após o recebimento da proposta de colaboração, com ou sem a formalização do *termo de confidencialidade*. Pode-se, no entanto, firmar na proposta de acordo que, aceito este para processamento, não mais sejam decretadas medidas cautelares processuais penais restritivas de direitos do delator (ou medidas similares previstas na legislação processual civil), nos termos do § 3.º do art. 3.º-B da Lei 12.850/2013 (modificada pela Lei 13.964/2019).

2.1.4.1 Produção antecipada de provas

Criou-se, expressamente, durante o processamento do acordo de colaboração premiada, até chegar à homologação pelo juiz, de uma fase preparatória de instrução. Em princípio, soa-nos favorável empreender uma produção antecipada de provas (art. 156, I, CPP) para assegurar, desde logo, a idoneidade do material colhido, sob o crivo do contraditório e da ampla defesa. Porém, entendendo-se que essa *instrução* seria uma investigação mais aprofundada empreendida pela polícia ou pelo Ministério Público, tudo o que for colhido servirá apenas para instruir o próprio acordo de colaboração premiada, sem ter valor em juízo, pois ausentes o contraditório e a ampla defesa.

De todo modo, o objetivo da instrução prévia à homologação tem por objetivo tornar mais claro ou identificar o objeto da delação, envolvendo os fatos narrados e sua definição jurídica como infrações penais (ou civis), além de se avaliar a sua importância para a investigação em curso e, fundamentalmente, a utilidade pública (art. 3.º-B, § 4.º, da Lei 12.850/2013). Afinal, nem toda narrativa de um potencial delator pode ser considerada fato criminoso adequado ao que está sendo investigado pelo Estado.

3. Requisitos e consequências

3.1 Requisitos

Estabelece o art. 4.º da Lei 12.850/2013 os requisitos para a aplicação do prêmio referente à delação. São os seguintes:

a) *colaboração efetiva e voluntária com a investigação e com o processo criminal:* a medida da eficiência da cooperação será verificada pelo preenchimento dos demais requisitos. Quanto à voluntariedade, significa agir livre de qualquer coação física ou moral, embora não se demande a espontaneidade (sinceridade ou arrependimento).[11] O dispositivo utiliza a cumulatividade no tocante à colaboração, mencionando a investigação *e* o processo. É natural que se exija do delator a mesma cooperação dada na fase investigatória quando transposta à fase judicial; noutros termos, tal como a confissão, de nada adianta apontar cúmplices durante o inquérito para, depois, retratar-se em juízo. A cumulação é razoável. Entretanto, se o investigado não colabora durante a investigação, mas o faz na fase processual, pode-se acolher a delação premiada, dispensando-se a cumulatividade. Se o delator estiver preso cautelarmente, a sua voluntariedade não se desfaz por conta disso; por outro lado, também não se pode dizer que haja plena liberdade de opção. Depende da análise de cada caso concreto. Lembra Rodrigo Capez que "não há impedimento a que o acordo seja firmado por quem esteja preso, desde que haja voluntariedade na colaboração, vale dizer, se a declaração de vontade do colaborador for desejada com plena consciência da realidade e escolhida *com* liberdade".[12]

Tribunal de Justiça de Minas Gerais

- "01. Não cabe o reconhecimento da delação premiada se a cooperação da acusada não foi plena, isto é, não houve colaboração durante o inquérito policial e durante a ação penal de modo a possibilitar a identificação dos demais membros da organização criminosa, bem como a recuperar total ou parcialmente o produto do crime. 02. Impossível a redução das penas se corretamente fixadas pelo Juiz *a*

---

11. Debatendo o tema, o STF decidiu que a *voluntariedade* é sinônimo de *espontaneidade*, de modo que é preciso garantir a manifestação do delator de forma livre, sem influência de fatores externos. No entanto, os Ministros Edson Fachin e Luiz Fux concordaram com o objetivo final (firmar a voluntariedade do colaborador), fazendo a ressalva de que espontaneidade é fenômeno diverso de voluntariedade. A espontaneidade é a vontade sincera, geralmente acolhida pelo arrependimento (HC 129.877-RJ, 1ª. T., Rel. Marco Aurélio, 18.04.2017).
12. BOTTINI, Pierpaolo Cruz. A sindicabilidade do acordo de colaboração premiada. In: MOURA, Maria Thereza de Assis. *Colaboração premiada*, p. 220.

quo, nos termos do que dispõem os artigos 59, 68 e 33 do Código Penal" (APR 10105130149484001 – MG, 6.ª C., Rel. Rubens Gabriel Soares, *DJ* 25.02.2014).

b) *personalidade do colaborador, natureza, circunstâncias, gravidade, repercussão do fato criminoso e eficácia da colaboração*: a previsão formulada no § 1.º do art. 4.º mistura, num só contexto, elementos de ordem subjetiva com os de ordem objetiva, além de um já mencionado anteriormente. A personalidade se destaca como o elemento subjetivo, condizente com a pessoa do colaborador. Significa o conjunto de caracteres pessoais do indivíduo, parte herdada, parte adquirida (agressivo/calmo; responsável/irresponsável; trabalhador/ocioso etc.). Deve ocupar-se o juiz de verificar se a personalidade do agente – positiva ou negativa – relaciona-se ao fato praticado, para que se busque a *culpabilidade de fato* (e não a culpabilidade de autor). Exemplo: sujeito ganancioso (característica de personalidade) integra organização criminosa para sonegar milhões em tributos. Deve ser apenado mais gravemente e, conforme o caso, quando se torna delator, não merece o perdão judicial.[13] Quanto à natureza, circunstâncias, gravidade e repercussão, ligam-se ao fato criminoso. Não se deve vislumbrar o quadro no tocante à gravidade abstrata do delito, mas à concreta. Por mais séria que seja a infração penal, abstratamente falando, torna-se essencial analisar o que ela provocou na realidade. Esses fatores devem girar em torno, na verdade, do tipo de benefício que o delator poderá auferir. Quanto à *eficácia* da colaboração, reputamos desnecessária a menção, pois já se encontra ínsita ao requisito *colaboração efetiva*, previsto no *caput* do art. 4.º. Na ótica do STF, "a personalidade do colaborador não constitui requisito de validade do acordo de colaboração,

---

13. Ao mesmo tempo em que critica a delação premiada, invocando ética e outros valores positivos, Bitencourt e Busato, na contramão, consideram "um absurdo" que o juiz leve em conta a personalidade do agente para aplicar a pena, causa de diminuição ou até mesmo o perdão. Dizem: "o que importa, neste caso, são os resultados produzidos segundo variáveis objetivas" (*Comentários à lei de organização criminosa*, p. 126). Embora possa parecer plausível aos autores rechaçar o elemento *personalidade*, olvidam, para tanto, o princípio constitucional da individualização da pena, que significa, na verdade, uma *justa* medida para a apenação. Na realidade, não se averigua a personalidade do delator para conceder o prêmio, mas para saber qual benefício ele merece receber.

mas sim vetor a ser considerado no estabelecimento de suas cláusulas, notadamente na escolha da sanção premial a que fará jus o colaborador, bem como no momento da aplicação dessa sanção pelo juiz na sentença (art. 4.º, § 11, da Lei 12.850/2013)" (HC 127.483 – PR, Pleno, Rel. Dias Toffoli, 27.08.2015, v.u.);

c) *identificação dos demais coautores e partícipes da organização criminosa e das infrações penais por eles praticadas*: estabeleceu-se um rigor excessivo neste dispositivo, que não há na Lei 9.807/1999, em que se menciona, no art. 13, I, somente "a identificação dos demais coautores ou partícipes da ação criminosa", ou na Lei 9.613/1998, na qual há alternatividade. Demanda-se não somente a descoberta dos *demais* (todos) coautores e partícipes, mas também das infrações penais cometidas. Se, porventura, o colaborador entregar os outros cúmplices, mas não for capaz de apontar *todos* os delitos cometidos pela organização criminosa, não poderá, segundo o estrito teor legal, beneficiar-se do instituto. Segundo nos parece, há de se conceder valor à delação de um membro da organização, identificando os demais e crimes suficientes a envolver todos os apontados, independentemente de *esgotar* as práticas delitivas; afinal, uma organização de amplo alcance comete inúmeras infrações que nem mesmo todos os seus integrantes conhecem;

d) *revelação da estrutura hierárquica e da divisão de tarefas da organização criminosa*: denunciar a composição e o escalonamento da organização pode ser útil ao Estado para apurar e descobrir a materialidade de infrações penais e a autoria, verdadeiro objetivo da investigação. Entretanto, torna-se raro e difícil revelar a estrutura de um organismo e as tarefas desempenhadas pelos seus integrantes sem que se descubra a identificação dos coautores e partícipes ou as infrações penais. Esse requisito não será de fácil e frequente aplicação;

e) *prevenção de infrações penais decorrentes das atividades da organização criminosa*: nos mesmos termos já comentados no item anterior, será de rara aplicação este requisito, de maneira isolada, pois a revelação de *futuras* infrações do crime organizado, sem desvelar quem são os coautores e partícipes ou os crimes já praticados, é quase inviável;

f) *recuperação total ou parcial do produto ou do proveito das infrações penais praticadas pela organização criminosa*: obter de volta a vantagem auferida pela organização criminosa, retornando às vítimas o que lhes foi tomado, é medida importante. Muitas vezes, age o crime organizado contra o Estado, invadindo os cofres públicos, o que representa enorme perda para a sociedade. Tendo em vista que basta um dos requisitos para valer o prêmio ao colaborador, torna-se imprescindível valorar, com precisão, a cooperação dada, pois a restituição de valor baixo não pode gerar amplo benefício. Ilustrando, se a delação permite a recuperação total do produto ou proveito do crime – o que termina auxiliando, também, na localização de autores e partícipes –, pode-se até aplicar o perdão; mas se a recuperação é parcial – e de pouca monta –, há de se partir para uma redução mínima de pena, tal como um sexto;

g) *localização de eventual vítima com a sua integridade física preservada*: este é um ponto relevante, que merece, de fato, o prêmio advindo da delação. Entretanto, é de aplicação específica, geralmente ao crime de extorsão mediante sequestro ou ao sequestro. De todo modo, encontrar a vítima, no cativeiro, constitui, por si só, medida de extrema importância.

Os requisitos para a colaboração premiada são cumulativo-alternativos, da seguinte forma: em cumulação os previstos nas alíneas *a* e *b*, associados a um dos demais, previstos nas alíneas *c, d, e, f* e *g*.

3.2 Consequências

Constatando ter havido a colaboração premiada, o juiz pode tomar uma das seguintes medidas, indicadas no acordo: a) conceder o perdão judicial, julgando extinta a punibilidade; b) condenar o réu colaborador e reduzir a pena em até 2/3. Houve evidente erro pelo não estabelecimento de um mínimo; assim sendo, pode ser de apenas um dia – o que seria uma tergiversação desproporcional aos fins da pena –, razão pela qual é preciso partir de um mínimo de causa de diminuição, ou seja, 1/6; c) substituir a pena privativa de liberdade por restritiva de direitos, dentre as previstas pelo art. 43 do Código Penal.

A opção deve levar em consideração o grau de cooperação do delator, pois quanto mais amplo e benéfico aos interesses do Estado, maior deve ser o seu prêmio. A escala, naturalmente, é a seguinte: a) perdão judicial (não cumpre pena, nem gera antecedente criminal); b) substituição da pena privativa de liberdade por restritiva de direitos, seja qual for o montante, pois o art. 4.º, *caput*, não especifica; c) redução da pena privativa de liberdade em até dois terços.

Além disso, na excepcional situação de ser o colaborador o primeiro a prestar *efetivo* auxílio à persecução penal, não ser o líder da organização e narrar infração de cuja *existência* o Ministério Público não tenha prévio conhecimento (art. 4.º, § 4.º), pode o órgão acusatório deixar de oferecer denúncia, equivalendo ao arquivamento do inquérito.

De nossa parte, não vislumbramos ser cabível a união dos benefícios, aplicando-se, por exemplo, a diminuição da pena em 2/3 e substituindo por restritivas de direitos. Seria o mesmo que pretender contornar a lei e estabelecer sanções simbólicas, como, noutra ilustração, fixar uma pena elevada, diminuir em 2/3, substituir por restritivas de direitos e, depois, aplicar o perdão judicial, extinguindo a punibilidade. Poder-se-ia fazer essa aplicação sequencial, *criando-se* benefício inexistente: primeiro, cumpre a pena privativa de liberdade (após a diminuição de 2/3), durante um certo período, em regime favorável; após esse tempo, o acordo prevê a substituição por restrição de direito; na sequência, estabelecido determinado prazo, ingressa o perdão judicial. Enfim, o que seria uma pena severa, transforma-se em um *vazio sancionatório*.

Na ótica de Masson e Marçal, a cumulação de prêmios seria possível, pois, afinal, o Ministério Público pode até deixar de oferecer denúncia, no caso previsto no art. 4.º, § 4.º.[14] Cuida-se da visão de que *quem pode o mais, pode o menos;* parece-nos, entretanto, inviável essa aplicação no contexto do Direito Penal, onde vige a mais absoluta legalidade, tanto da definição de crime, quanto da cominação de penas (art. 5.º, XXXIX, CF).

3.2.1 Limites ao negócio jurídico ou acordo irrestrito?

Um dos pontos importantes, que somente foi detectado após os anos de vigência da Lei 12.850/2013, com a sua aplicação prática, diz respeito aos limites – ou não – para o acordo entre autoridades estatais e o delator.

Reiteramos que, sob o prisma do princípio da legalidade, para o cenário da organização criminosa, a lei previu somente os seguintes benefícios: a) concessão de perdão judicial, com extinção da punibilidade; b) redução da pena privativa de liberdade em até 2/3; c) substituição da

---

14. *Crime organizado*, p. 200.

pena privativa de liberdade por restritiva de direitos. Por outro lado, caso a delação premiada aconteça em fase *posterior à sentença*, portanto, em fase de execução, a pena aplicada poderá sofrer redução de até metade *ou* pode ser admitida a progressão de regime, mesmo que não atingidos os requisitos objetivos.

Em todo caso, observou-se a adoção de inúmeras cláusulas em acordos de delação premiada não previstas expressamente em lei. Nesse sentido, adotou-se o rumo do brocardo já mencionado de que *quem pode o mais, pode o menos*. Se o Ministério Público pode convencionar a aplicação do perdão judicial, extinguindo-se a punibilidade do agente, ou deixar de oferecer denúncia, poderia prever qualquer outra medida inferior a essa. Poderia promover uma miscelânia de leis penais para buscar uma sanção *criada* pelo acordo celebrado; transformar-se-ia o celebrante em autêntico legislador, inventando penas em face da combinação de preceitos existentes.

Posicionamo-nos contrariamente a esse entendimento aberto em matéria de acordos, desde o princípio, pois a lei existe para estipular a justa medida da ação do órgão estatal, sem que este possa criar normas, benefícios ou restrições não previstas pelo ordenamento jurídico.

Desde logo, convém frisar que a Lei 13.964/2019 promoveu alterações substanciais na Lei 12.850/2013, inclusive buscando impedir a burla a normas penais vigentes. Por isso, incluiu o inciso II ao § 7.º do art. 4.º da Lei da Organização Criminosa para o fim de considerar *nulas* as cláusulas que violem o parâmetro de definição de regime inicial de cumprimento de pena privativa de liberdade do art. 33 do Código Penal (exemplificando, veda a esdrúxula pena de 15 anos de reclusão em regime inicial aberto), as regras de cada um dos regimes previstos no Código Penal (ilustrando, proíbe a criação de regime fechado *diferenciado*, fugindo ao que está cominado em lei) e os requisitos de progressão de regime não abrangidos pelo § 5.º do art. 4.º (exemplificando, cessa a possibilidade de estabelecer no *acordo inicial, antes da condenação*, quando se dará a progressão de um regime a outro e quais os requisitos para tanto).

Convém expor ao leitor o que motivou a referida reforma, decorrente de nítidos excessos havidos em acordos do pretérito.

Utilizou-se a chamada *teoria dos poderes implícitos*, associada ao aforismo de que *quem pode o mais, pode o menos*, levando à fixação de inúmeras cláusulas totalmente imprevisíveis – legalmente falando – nos acordos firmados no contexto da Operação Lava Jato.[15] Essa extrapolação gerou *insegurança jurídica* e afetou o básico princípio constitucional da *igualdade de todos perante a lei*. Note-se que cada delator, na operação suprarreferida, teve um tratamento completamente díspar de outro, tudo a depender do humor do órgão persecutório estatal (delegado ou MP), o que sempre nos pareceu inadequado.

Como bem analisa Vinícius Vasconcelos, "a justiça criminal negocial no processo penal pátrio precisa, necessariamente, respeitar critérios definidos na legislação, em atenção à legalidade, fomentando um modelo limitado de acordos no âmbito criminal".[16] Ainda cuidando do tema, Vasconcelos evidencia uma série de disparidades encontradas nos acordos celebrados na Operação Lava Jato: a) pena de 30 anos de prisão, a ser cumprida em regime fechado por lapso não superior a cinco anos nem inferior a três, com posterior progressão diretamente ao aberto, mesmo sem preencher os requisitos legais; b) pena de 20 anos de reclusão a ser cumprida do seguinte modo: dois anos e três meses em regime fechado *diferenciado*; nove meses em regime semiaberto *diferenciado*, cumulando com prestação de serviços à comunidade. De 20 anos, a pena cai para 3 anos, cumpridos em regimes *diferenciados*, vale dizer, totalmente diversos da população carcerária comum.[17]

Não são poucos os penalistas e processualistas que apontaram a completa falta de limites, que vigorou nos acordos de colaboração premiada até o advento da Lei 13.964/2019, embora alguns Tribunais tenham permitido o afrouxamento da legalidade.

---

15. Marcelo Costenaro Cavali explica que "a leitura feita por membros do Ministério Público Federal, porém, foi mais ousada. (...) Com isso, implementou-se, *na prática*, instituto próximo ao *plea bargain* estadunidense, cuja introdução em nosso ordenamento jurídico foi proposta em alguns projetos de lei que se encontram em tramitação no Congresso Nacional. (...) a prática dos acordos de colaboração tem sido diversa da sistemática imaginada pelo legislador" ("Duas faces da colaboração premiada: visões 'conservadora' e 'arrojada' do instituto na Lei 12.850/13", in: Moura e Bottini, *Colaboração premiada*, p. 262).
16. *Colaboração premiada no processo penal*, p. 164.
17. *Colaboração premiada no processo penal*, p. 168.

No mesmo prisma, Nefi Cordeiro expõe, com propriedade, que "o princípio da anterioridade da pena criminal é garantia contra o abuso estatal. Nossa Constituição Federal e nosso Código Penal repetem a regra democrática constante de que a pena tem delimitação legal prévia, não se permitindo aumentá-la, reduzi-la ou simplesmente alterá-la. (...) a proporcionalidade não justifica a aplicação de penas menos graves do que as legalmente previstas, em invenção violadora do dever estatal de persecução penal lícita e ao dever de isonomia com os demais perseguidos em igual situação típica. (...) Pelo princípio da legalidade da pena, não poderá o Estado impor resposta penal diversa daquela cominada. Não se podem impor penas inventadas, penas melhoradas, mesmo sob a justificativa de favorecimento ao condenado".[18]

Eis outros exemplos de negócios jurídicos de delação premiada, homologados pelo juízo: a) estabelecimento de regimes de cumprimento de pena sem qualquer padrão, vale dizer, ao acaso; b) liberação de bens envolvidos nas atividades ilícitas da organização criminosa, permitindo-se que delatores detivessem quantias ponderáveis para o *sustento da família*, quantias advindas da prática criminosa, sem previsão legal para isso; c) fixação de regras para a área civil, como a *imunidade* em relação à propositura de ações de improbidade administrativa. Note-se que o acordo penal terminava por "vincular" o Ministério Público atuante na área cível; d) benefícios ligados a familiares do colaborador; foram inseridas cláusulas apontando que determinados familiares do delator ficariam imunes à ação persecutória; e) a pena de multa, que acompanha muitos crimes, foi tratada de modo individualizado, ou seja, a cada caso concreto impunha-se ou não multas; além disso, media-se o montante da multa de maneira diferenciada; f) suspensão do trâmite de outros processos criminais (ou investigações) em relação ao delator; g) estabelecimento de formas diferenciadas da lei a respeito do cumprimento de serviços prestados à comunidade; h) os acordos chegaram ao ápice de prever formas alternativas de suspensão da prescrição; i) alterou-se jurisprudência do STF, prevendo que todos os benefícios de execução penal seriam calculados tendo por base a pena unificada – e não o total previsto ou aplicado; j) fixou-se multa compensatória, por conta do(s) crime(s) praticado(s),

---

18. *Colaboração premiada*, p. 62 e 65.

aleatoriamente, sem qualquer padrão legal; k) vedou-se o acesso do delator à justiça, impedindo-o de se valer de *habeas corpus* e outras medidas legalmente previstas; l) generalizou-se o dever do delator de falar a verdade não somente no processo no qual houve acordo, mas em todos os demais que existissem ou surgissem no futuro; m) pretendeu-se obrigar o delator a não impugnar o acordo feito, negando-lhe, portanto, acesso à Justiça, constitucionalmente previsto; n) estabeleceu-se, ao arrepio da organização judiciária, que o juiz da execução deveria ser o mesmo da homologação do acordo.

Sobre favores extralegais, mesmo no campo civil, como manutenção de carros blindados para a proteção da família ou imóveis e altas quantias em dinheiro, dentre outros, Nefi Cordeiro especifica que "a justificativa da razoabilidade, do menor dano gerado ao processado, efetivamente se funda no argumento de que, como poderia ser negociada até a não persecução penal, favores menores não estariam vedados. Volta a necessidade de ser lembrado, porém, que juiz e promotor não fazem negociações de direitos seus, mas que negociam o direito de persecução penal que recebeu o estado das vítimas, da sociedade, que demandam uma resposta controlada (nos limites fixados pelo legitimado legislador) e que não podem criar favores fora da autorização legal. (...) Embora em um negócio jurídico possam as partes livremente negociar, isso se dá no limite da lei e da disponibilidade patrimonial. Não se pode negociar o que seja objeto ilícito, pois nossa legislação civil expressamente o impediu – e favores estatais não autorizados são ilícitos! Não pode o negociador estatal dispor do que não foi legalmente autorizado".[19]

Segundo nos parece, o Poder Judiciário não deve homologar *automaticamente* os acordos de colaboração premiada. É preciso exercer a atividade fiscalizatória que lhe foi conferida pela Lei 12.850/2013.

3.2.2 *Combinação de leis penais prevendo colaboração premiada*

Não é viável a combinação de leis penais, pois surgiria uma terceira lei, jamais prevista pelo Parlamento. Diante disso, o Judiciário não deve

---

19. *Colaboração premiada*, p. 59.

legislar, permitindo a mescla de regras de uma lei com as previstas em outras.

Portanto, se o acordo de colaboração premiada valer-se do disposto na Lei de Organização Criminosa, cabe-lhe optar entre os benefícios constantes desta norma.

Se alguém for acusado do crime de lavagem de dinheiro, juntamente com crime organizado, por outro lado, é preciso escolher entre os benefícios da Lei 12.850/2013 e o que estiver previsto pela Lei 9.613/1998, particularmente, no art. 1.º, § 5.º.

Supremo Tribunal Federal

- "O acórdão embargado não deixou qualquer margem para dúvida quanto ao fato de que o embargante mereça a redução da pena pela colaboração para a descoberta de outros corréus, mas não fazia jus ao perdão ou a uma diminuição de pena em maior amplitude, porque a sua colaboração não teve continuidade durante o andamento da ação penal. Pelo mesmo motivo, não faz jus à substituição da pena prevista no art. 4.º da Lei 12.850/2013. Embargos de declaração não conhecidos. (...)" (AP 470 – MG, Tribunal Pleno, Rel. Joaquim Barbosa, *DJ* 13.11.2013).

Superior Tribunal de Justiça

- "No âmbito do acordo de colaboração premiada, conforme delineado pela legislação brasileira, não é lícita a inclusão de cláusulas concernentes às medidas cautelares de cunho pessoal, e, portanto, não é a partir dos termos do acordo que se cogitará da concessão ou não de liberdade provisória ao acusado que, ao celebrá-lo, encontre-se preso preventivamente. Segundo a dicção do art. 4.º, da Lei 12.850/2013, a extensão do acordo de colaboração limita-se a aspectos relacionados com a imposição de pena futura, isto é, alude-se à matéria situada no campo do direito material, e não do processo" (RHC 76026 – RS, 5.ª T., Rel. Felix Fischer, 06.10.2016, v.u.).

Tribunal de Justiça do Rio Grande do Sul

- "Embora a previsão legal do perdão judicial na hipótese de colaboração voluntária no art. 4.º da Lei 12.850, esse se aplica, somente, às organizações criminosas com os requisitos do art. 1.º daquela lei. Não tendo a associação comprovada nos autos quatro ou mais pessoas, não se aplica a lei referida" (Apelação Criminal 70.062.331.459, 2.ª Câmara Criminal, Rel. José Ricardo Coutinho Silva, 20.10.2016, v.u.).

Tribunal de Justiça do Paraná

- "Não há nenhuma irregularidade na revogação do termo de colaboração, não tendo havido qualquer violação ao art. 4.º da Lei 12.850/2013, na medida em que estabelece retribuições – como o perdão judicial, a redução da pena ou sua substituição – que podem ser interpretadas de modo extensivo, e assim estabelecidas a mais outras medidas – como feito – que derivem daquelas medidas maiores, sendo plenamente possível se estabelecer como condição para tais benefícios o auxílio à atividade investigativa mediante o não cometimento de ilícitos penais, ou outros deveres derivados da vontade das partes, desde que obedeçam à razoabilidade e não desvirtuem a ordem pública; não sendo igualmente necessário que a revogação seja por descumprimento de uma condição imposta e prevista em lei, ou com ela conexa, na medida em que a condição descumprida pelo paciente suplantou todo o dever inerente ao benefício, vilipendiando visceralmente a própria natureza do acordo de colaboração, sendo absolutamente pertinente e adequada a sua imediata revogação, ante a utilização do acordo para a prática de novos crimes. II – Não há que se falar em necessidade do trânsito em julgado da decisão condenatória relacionada aos novos crimes cometidos no curso da avença, primeiro porque como bem exposto pelo parecer ministerial 'o termo de acordo de colaboração premiada – com o qual o ora paciente anuiu – nada previu nesse sentido, tendo ressaltado, ainda, a possibilidade de rescisão da avença na hipótese de o colaborador sonegar a verdade ou mentir em relação a fatos em apuração em relação aos quais se obrigou a cooperar', situação essa inegavelmente presente, segundo que a prática dos novos crimes após o curso da colaboração vilipendiam a própria natureza do acordo, embasado na recíproca confiança e lealdade, o que se demonstrou não mais estar presente" (HC 1566015-42 – PR, 2.ª Câmara Criminal, Rel. Laertes Ferreira Gomes, 20.10.2016, v.u.).

Tribunal de Justiça de Minas Gerais

- "O perdão judicial deve ser reservado para situações de especial colaboração do réu, para o desmantelamento de grupos ou organizações criminosas, com fornecimento de informações consistentes e extensas sobre as ações delituosas, desde que a personalidade do beneficiado, a natureza, as circunstâncias, a gravidade e a repercussão social do fato o permitam, não sendo este, em definitivo, o caso retratado nos autos" (RVCR 10000121273825000 – MG, 1.º Grupo de Câmaras Criminais, Rel. Márcia Milanez, DJ 08.07.2013).

4. Encaminhamento da delação

4.1 Pleito de perdão judicial

A delação pode dar-se tanto na fase investigatória quanto em juízo. Considerando a importância das informações prestadas pelo colaborador, nos termos do art. 4.º, § 2.º, da Lei 12.850/2013, o delegado, durante a investigação, e o Ministério Público, a qualquer tempo, podem propor a aplicação do perdão judicial, da seguinte forma: a) o delegado, nos autos do inquérito policial, com a manifestação do Ministério Público, representa pela aplicação do prêmio máximo, que é o perdão judicial, causador da extinção da punibilidade; b) o delegado, nos autos do inquérito, representa e, antes de seguir ao juiz, passa pelo Ministério Público para colher sua manifestação, seguindo-se o pleito de perdão judicial; c) o Ministério Público, valendo-se do inquérito, requer ao magistrado a aplicação do perdão judicial.

Essa norma confere a viabilidade de ampliar o acordo original, que não previa o benefício máximo – perdão judicial, com extinção da punibilidade. Nota-se ter sido o órgão do poder público surpreendido por alguma revelação surpreendente do delator, propiciando alargar o prêmio. Funciona como um incentivo ao colaborador.

A menção ao art. 28 do Código de Processo Penal diz respeito, em nossa visão, a não ter o membro do Ministério Público concordado em pedir o perdão judicial, a despeito do delegado tê-lo feito. Nesse caso, o magistrado, invocando a intervenção do Procurador-Geral de Justiça, remete o feito à sua apreciação. Se a Chefia da instituição entender cabível, delega a outro promotor a postulação do perdão. Do contrário, insiste em não ser concedido o perdão.[20]

---

20. Essa concordância do MP não mais é exigida, pois o STF autorizou o delegado a celebrar o acordo, mesmo sem o lastro do *Parquet* (ADI 5.508, Pleno, m.v., 20.06.2018). Por isso, o disposto na parte final do § 2.º do art. 4.º (uso do art. 28 do CPP) perde a razão de ser.

O juiz não pode conceder o perdão de ofício, pois não participa do acordo.[21] Cuida-se de um negócio jurídico de colaboração premiada e um dos benefícios do referido acordo pode ser o perdão judicial, dependente de pleito dos envolvidos, nos termos do *caput* do art. 4.º ("a requerimento das partes").

Vale ressaltar, mais uma vez, que o requerimento do Ministério Público pela aplicação do perdão pode dar-se *a qualquer tempo*, do período que segue da investigação à sentença do processo.

4.2 Colaboração após a sentença condenatória

Após a decisão condenatória, a pena somente pode ser reduzida até a metade, sem mais se admitir o perdão (art. 4.º, § 5.º, Lei 12.850/2013).

Outra possibilidade, quando o prêmio se der pela colaboração prestada após a sentença condenatória, é a admissão da progressão de regime (fechado ao semiaberto ou deste ao aberto), mesmo que ausentes os requisitos objetivos (tempo mínimo no regime anterior). Neste último caso, a lei não menciona a ausência do requisito subjetivo (bom comportamento carcerário), embora nos pareça que, se o principal requisito para a progressão (objetivo – tempo de cumprimento no regime anterior) pode ser afastado, o lado subjetivo também pode ser superado, em prol do acordo, desde que útil e efetivo, de colaboração.

É preciso ressaltar que essas duas benesses somente podem ser aplicadas depois do advento da sentença condenatória (não é especificado se com ou sem o trânsito em julgado). *Antes* da condenação, não tem cabimento algum, pois é ilegal negociar a redução de metade da pena ou a progressão direto para o regime semiaberto ou aberto.

---

21. Em contrário, Alexandre Rorato Maciel defende: "pensamos que, ainda que não tenha sido previsto expressamente na Lei 12.850/2013, será possível ao juiz conceder o perdão judicial de ofício, uma vez que se trata de aplicação da pena" (*Crime organizado*, p. 200). Não nos convencemos dessa posição, pois o perdão judicial não se inclui no cenário da aplicação da pena; na realidade, afastando a punibilidade, eliminando a pretensão punitiva do Estado, *impede* a individualização de qualquer pena.

Em lugar de simplesmente aplaudir, Bitencourt e Busato consideram o art. 4.º, § 5.º, como "flagrantemente inconstitucional". A justificativa é de que fere a coisa julgada, garantia fundamental constitucional.[22] Não deixa de ser uma posição interessante e, possivelmente, desprendida de todos os demais preceitos constitucionais em favor do réu ou condenado. Lembre-se da revisão criminal, que possui a plena viabilidade de rever a coisa julgada e dar um rumo completamente diverso ao caso. Analisando-se o princípio constitucional da individualização da pena, é preciso apontar que não se concretiza unicamente na sentença condenatória (individualização judicial), pois existe a individualização executória da pena. Vale recordar que a *condenação* criminal é bem diversa da civil. Ela espelha um título mutável, conforme o comportamento do sentenciado, que pode passar do regime fechado inicial (o regime também faz parte da pena) ao semiaberto e, depois, ao aberto.

Nenhuma razão existe para impedir a diminuição da pena ou a mudança de regime se o condenado tomar atitude positiva aos olhos do Estado. Sustentamos que o dispositivo é constitucional, além de útil, aplicável, moralmente elevado e estimulante de uma postura de resgate dos males feitos anteriormente, entregando membros do crime organizado – tudo o que a sociedade mais deseja. Se uns prezam pelo silêncio do condenado, muitos aplaudem a colaboração, que, obviamente, merece um prêmio. Afinal, colocar o pescoço a risco demanda um benefício.

Nesse mesmo cenário, Bittar e Pereira, invocando o direito italiano e a máfia, apresentam o denominado "momento penitenciário". E dizem: "assim como no direito substancial, a normatividade premial do direito penitenciário (combinação dos arts. 4-bis e 58-ter da Lei n. 354/75, introduzidos pelo Decreto-Lei n. 152/91 e modificados pela Lei n. 306/92) também é baseada num duplo-binário de acordo com as seguintes diretrizes: por um lado, para os irredutíveis, drástica restrição da possibilidade de obter benefícios penitenciários diversos da liberação antecipada e, ainda, a proibição de dispor de medidas cautelares diversas da custódia em cárcere; e de outro, para os colaboradores, a facilidade para a obtenção dos benefícios e a possibilidade de obter custódia em

---

22. *Comentários à lei de organização criminosa*, p. 129.

locais diferenciados, revogação da custódia, ou sua substituição para uma medida cautelar menos gravosa".[23]

4.3 Suspensão do prazo para oferecimento de denúncia e do curso do processo

Nos termos do art. 4.º, § 3.º, durante a investigação criminal, é possível que a colaboração do delator dependa de mais dados ou informes, até que se possa solicitar a homologação do pacto firmado ao juiz, prevendo o prêmio cabível – ou desconsiderá-la porque inútil. Reitera-se o propósito de realizar uma instrução prévia ao acordo de delação premiada com a inserção do art. 3.º-B, § 4.º, na Lei 12.850/2013, com a redação dada pela Lei 13.964/2019.

Por isso, autoriza-se a suspensão, por seis meses – prorrogáveis por outros seis –, do prazo para o oferecimento da denúncia. Segundo nos parece, cuidando-se de suspensão ocorrida durante a investigação, cabe ao juiz fiscalizar o seu curso, acatá-la. Em situação excepcional ou teratológica, pode o magistrado acionar a instância superior do Ministério Público para confirmar a suspensão da oferta da peça acusatória ou, não sendo o caso, designar outro membro do MP para oferecê-la.

Idêntica situação pode ocorrer durante o processo, havendo, então, uma questão prejudicial homogênea, podendo provocar a suspensão do feito, enquanto se buscam outras provas.

O deferimento da suspensão pelo juiz comporta recurso em sentido estrito (art. 581, XVI, CPP) pela parte inconformada. O indeferimento não admite o recurso em sentido estrito, que não suporta analogia, porque o seu rol é taxativo. No máximo, quando for o caso, aceita-se interpretação extensiva, mas essa hipótese não se aplica à situação, pois *suspender o processo* (comporta recurso em sentido estrito) é completamente diferente de *não suspender* o processo (não comporta o recurso). Somente para argumentar, quando se trata de questão prejudicial prevista pelos arts. 92 e 93 do Código de Processo Penal, em processo comum, parece-nos não caber recurso algum em caso de indeferimento da suspensão do

---

23. *Delação premiada*, p. 19.

processo. Posteriormente, se houver prejuízo a alguma das partes, pode-se questionar a nulidade em fase recursal.

Porém, no contexto da delação premiada, a situação é diferente, tendo em vista que as medidas de colaboração precisam ser comprovadas, permitindo a continuidade do processo e a análise do juiz na sentença. Então, os interesses em jogo são mais complexos do que as questões envolvidas nos referidos arts. 92 e 93 do CPP, relacionados à prova da existência da infração. Cremos admissível a interposição de correição parcial, caso haja indeferimento pelo juiz. O provimento ou improvimento da correição dependerá da constatação de ter sido o indeferimento justificável (ou injustificável) pelas provas já constantes nos autos, que permitam concluir pela efetivação (ou não) das medidas de colaboração.

O período de suspensão é variável de seis meses a um ano. É importante observar não correr o prazo prescricional durante o período da suspensão da investigação ou do processo.

4.4 Não oferecimento de denúncia como benefício pela colaboração

Questão interessante é a previsão formulada pelo art. 4.º, § 4.º, da Lei 12.850/2013, no sentido de se autorizar o Ministério Público, quando presentes as hipóteses do *caput* (colaboração efetiva e voluntária com um ou mais resultados dos incisos), a *deixar de oferecer denúncia* se o colaborador não for o líder da organização criminosa *e* for o primeiro a prestar real cooperação. Além disso, a Lei 13.964/2019 introduziu mais um requisito: a delação precisa dizer respeito à infração penal de cuja existência não tenha o órgão acusatório prévio conhecimento, vale dizer, constitua um delito até então ignorado pelo Estado.

Para evitar qualquer dúvida no tocante ao desconhecimento do crime relatado, a Lei 13.964/2019 introduziu o § 4.º-A, nos seguintes termos: "considera-se existente o conhecimento prévio da infração quando o Ministério Público ou a autoridade policial competente tenha instaurado inquérito ou procedimento investigatório para apuração dos fatos apresentados pelo colaborador". Observe-se que cabe à autoridade policial a instauração do inquérito e ao Ministério Público o procedimento investigatório; caso um procedimento ou outro esteja em curso para apurar os fatos indicados pelo delator não cabe o benefício.

Num primeiro momento, entendíamos que esse não oferecimento de denúncia precisaria ter um prazo para não equivaler ao arquivamento da investigação. Mas, ao que tudo indica, a intenção da lei é realmente essa. Elencou os dados para esse prêmio ao delator – não ser processado: a) não ser o líder; b) for o primeiro a colaborar; c) apontar crime inédito, do qual o Estado não tenha conhecimento. Preenchidos esses requisitos, o delator não precisaria ser processado para, ao final, receber pena privativa de liberdade diminuída ou substituída por restrição de direitos. Simboliza um acordo de não persecução penal sem qualquer condição, a não ser delatar os comparsas com eficiência. Equivale a um perdão tácito.

Em suma, se não é denunciado, inexiste sentença condenatória, portanto, não vislumbramos a viabilidade de fazer o delator cumprir qualquer espécie de sanção penal. Do contrário, o acordo de colaboração premiada tornar-se-ia um *livre* negócio entre acusação e defesa (*plea bargain*, nos moldes do direito consuetudinário), algo que o princípio da legalidade do sistema codificado, adotado no Brasil, rejeita.[24]

Tribunal de Justiça de São Paulo

- "Colaborador que, apesar de não ser o primeiro a assinar o acordo de delação premiada, foi o primeiro a efetivamente colaborar com as investigações. Art. 4.º, § 4.º, da Lei 12.850/2013, que exige a primeira efetiva colaboração e não a primeira celebração do acordo de colaboração premiada. Demais colaborações que foram firmadas no bojo de investigações de outros feitos, relativos a fatos diversos, que não os apurados nestes autos. Embargos rejeitados" (EDcl 0089132-93.2015.8.26.0050 – SP, 16.ª Câmara de Direito Criminal, Rel. Leme Garcia, 22.08.2017, v.u.).

Porém, deixar de oferecer denúncia e arquivar o inquérito, sem qualquer outra medida, significa deixar o delator em situação desprotegida.

---

24. "Não cabe em nossa colaboração premiada pretender plena negociação, em que possa o Ministério Público negociar livremente imputações, culpa e pena. O modelo da 'plea bargaining' serve como referência de eficiência para a imposição da culpa, mas não como modelo de forma e limite de negociações no Brasil" (Nefi Cordeiro, *Colaboração premiada*, p. 26).

Ademais, segundo se sabe, o arquivamento pode provocar processo-crime posteriormente, desde que surjam provas novas. Na mesma trilha, Marcelo Costerano Cavali argumenta que "o não oferecimento de denúncia teria efeito equivalente ao arquivamento do inquérito, não havendo extinção da punibilidade e sendo possível o posterior de denúncia em caso de alteração do panorama investigativo, caso constatadas mentiras ou omissões por parte do colaborador".[25]

Somos da opinião de que todo defensor deveria aconselhar o seu patrocinado a pleitear o perdão judicial, caso não seja o líder, preste colaboração em primeiro lugar e apresente infração inédita ao Estado em lugar de concordar com o simples não oferecimento da denúncia. Afinal, concedido o perdão, ao final, extingue-se a punibilidade do agente em definitivo.

4.5 Exclusão do juiz das negociações entre o Poder Público e o delator

Corretamente, a lei exclui o juiz das negociações entre o Estado e o delator (art. 4.º, § 6.º, da Lei 12.850/2013), pois deverá o magistrado, na sequência, homologar a avença, desde que regular e legal, verificando todos os requisitos previstos no § 7.º do art. 4.º.

Realizam negociação o delegado, o investigado e o seu defensor, contando com a manifestação do Ministério Público; ou o Ministério Público, o investigado e seu defensor.

Efetivado o acordo, lavra-se o termo por escrito, nos termos do art. 6.º da Lei 12.850/2013 (o relato da colaboração e seus possíveis resultados; as condições da proposta do Ministério Público ou do delegado de polícia; a declaração de aceitação do colaborador e de seu defensor; as assinaturas do representante do Ministério Público ou do delegado de polícia, do colaborador e de seu defensor; a especificação das medidas de proteção ao colaborador e à sua família, quando necessário), remetendo-o ao juiz para homologação, devidamente acompanhado das declarações do colaborador e da cópia da investigação.

---

25. "Duas faces da colaboração premiada: visões 'conservadora' e 'arrojada' do instituto na Lei 12.850/2013", *in*: Moura e Bottini, *Colaboração premiada*, p. 261-262.

4.6 Homologação do acordo e hipóteses de rescisão

Deve o termo de acordo ser autuado em apartado dos autos principais da investigação, para que possa ser sigilosamente distribuído a um juiz, nos termos do art. 7.º da Lei 12.850/2013. Entretanto, somente se distribui esse incidente caso o inquérito ainda não possua juiz certo (ou o processo). Se já tiver, respeita-se, por prevenção, o magistrado competente, dirigindo-lhe o pedido de homologação do acordo.

Há que se preservar o conteúdo do incidente, de modo que tudo deve ser "envelopado", longe das vistas de servidores do cartório (policial ou judicial), encaminhando-se diretamente ao juiz (art. 7.º, § 1.º, da Lei 12.850/2013). Estabelece-se o prazo de 48 horas para a apreciação do pleito, embora não seja prazo fatal.

Finalmente, quanto ao sigilo geral, dispõe o art. 7.º, § 2.º, da referida Lei o seguinte: "o acesso aos autos será restrito ao juiz, ao Ministério Público e ao delegado de polícia, como forma de garantir o êxito das investigações, assegurando-se ao defensor, no interesse do representado, amplo acesso aos elementos de prova que digam respeito ao exercício do direito de defesa, devidamente precedido de autorização judicial, ressalvados os referentes às diligências em andamento".

Quer-se garantir ampla defesa tanto ao delator quanto aos delatados, exceto no tocante às diligências em andamento, o que é natural. Não se concede vista à defesa de quem quer que seja enquanto se desenvolve, por exemplo, uma interceptação telefônica. O mesmo se dará no percurso da ação controlada ou da infiltração de agentes.

Recebida a denúncia, o acordo de colaboração deixa de ser sigiloso (art. 7.º, § 3.º, da Lei 12.850/2013), como regra, respeitados os direitos do delator (vide o item a seguir). Pode, no entanto, o juiz *manter* o sigilo do processo, por razões de interesse público (ex.: cuida-se de organização criminosa de grande ramificação, perigosa à sociedade). No entanto, aos defensores dos demais réus, o acordo será acessível.

Vale ressaltar ter havido uma modificação na redação do mencionado § 3.º do art. 7.º, acrescentando a parte final nos seguintes termos: "sendo vedado ao magistrado decidir por sua publicidade em qualquer hipótese". Isso significa que o juiz pode até manter o sigilo depois do recebimento da peça acusatória, desde que haja fundado motivo, mas devassar o sigilo, antes disso, durante a investigação, é *proibido sob qualquer justificativa*. Quer-se evitar erros do passado, quando foram divulgados dados colhidos na investigação, referente a certa delação, causando sérios prejuízos a terceiros.

Supremo Tribunal Federal

- "(c) O Termo do Acordo de Colaboração permanece em sigilo até que sobrevenha eventual decisão de recebimento da denúncia, ocasião em que sua juntada aos autos assume relevância, unicamente para o fim de verificar-se a efetividade da Colaboração, em cotejo com as obrigações assumidas pelo Colaborador perante o *Parquet*. (d) Registre-se, ainda, que, *in casu*, foi garantido à defesa do Agravante pleno acesso aos elementos probatórios colhidos por meio do acordo de colaboração premiada, notadamente os depoimentos do colaborador, devidamente submetidos ao contraditório prévio a ser exercido mesmo antes de eventual decisão de recebimento da denúncia, para fins de resposta à acusação. 5. *Ex positis*, ausente direito subjetivo do delatado de obter acesso ao Termo do Acordo de Colaboração Premiada anteriormente à eventual decisão de recebimento da denúncia, nego provimento ao agravo regimental" (Inq 4619 AgR, 1.ª T., Rel. Luiz Fux, 10.09.2018, v.u.).

- "(...) 2. O aspecto temporal da norma contida no art. 7.º, § 3.º, da Lei 12.850/2013, tem que ser interpretado essencialmente com relação ao direito à ampla defesa, não tendo o condão de limitar a publicidade dos termos de declaração do colaborador, ainda mais de forma irrestrita e até o recebimento da denúncia, caso a medida não encontre suporte no binômio necessidade e adequação da restrição da garantia fundamental. 3. Ainda que o art. 5.º, inciso II, da Lei 12.850/2013 estabeleça como direito do colaborador ter seu nome, qualificação, imagem e demais informações pessoais preservados, é imperioso que razões de ordem prática justifiquem o afastamento da publicidade dos atos processuais, caso esta seja a medida necessária à salvaguarda de tais bens jurídicos. 4. No caso, o agravante, que concordou com os termos do acordo de colaboração premiada e não impugnou a coleta dos depoimentos somente em áudio e vídeo, não logra êxito no seu dever de apontar qualquer prejuízo concreto com o levantamento do sigilo nos moldes em que determinado, cingindo-se a argumentar, de forma abstrata, que a medida teria impacto direto na sua segurança e de sua família, sem a necessária individualização de qualquer dano ou perigo de sua ocorrência, circunstância que inviabiliza o acolhimento do pleito recursal. 5. Agravo regimental desprovido." (Inq 4419 AgR – DF, 2.ª T., Rel. Edson Fachin, 13.06.2017, v.u.).

Sobre o acesso à CPI, antes do recebimento da denúncia, impedimento à quebra do sigilo:

- "Conforme jurisprudência pacífica desta Corte, o cabimento de mandado de segurança contra ato jurisdicional somente é admitido em casos excepcionalíssimos, nos quais seja possível constatar a existência de teratologia na decisão (nesse sentido: RMS 32.017 AgR, Rel. Min. Gilmar Mendes; RMS 31.214 AgR, Rel. Min. Dias Toffoli, entre outros). Para aferir se se trata ou não de decisão teratológica, porém, é preciso ir ao mérito da impetração. É o que passo a fazer, ainda que brevemente. Como se sabe, a atividade dos órgãos legislativos não se esgota na função de legislar. Desde suas origens, integram a substância da atuação do Parlamento funções de tríplice natureza: legislativa, por certo, mas também a representativa e a fiscalizadora. Aliás, com a crescente hegemonia do Executivo no processo legislativo pela iniciativa reservada, pela sanção e veto, e pela edição de atos com força de lei, a ênfase da atuação do Legislativo tem recaído, efetivamente, na fiscalização, isto é, na investigação e no controle dos atos do Poder Público. Ao dispor sobre o Poder Legislativo, a Carta Constitucional de 1988 previu a existência de comissões permanentes e temporárias (art. 58). Entre estas últimas situam-se as comissões parlamentares de inquérito, por via das quais o Legislativo exerce seus poderes investigatórios, difusamente contemplados ao longo do texto e referidos de modo expresso no inciso X do art. 49, cuja dicção é a seguinte: 'Art. 49. É da competência exclusiva do Congresso Nacional: X – fiscalizar e controlar, diretamente, ou por qualquer de suas Casas, os atos do Poder Executivo, incluídos os da administração indireta;' A Constituição dispõe, ainda, em norma específica contida no § 3.º do art. 58: 'Art. 58, § 3.º As comissões parlamentares de inquérito, que terão poderes de investigação próprios das autoridades judiciais, além de outros previstos nos regimentos das respectivas Casas, serão criadas pela Câmara dos Deputados e pelo Senado Federal, em conjunto ou separadamente, mediante requerimento de um terço de seus membros, para a apuração de fato determinado e por prazo certo, sendo suas conclusões, se for o caso, encaminhadas ao Ministério Público, para que promova a responsabilidade civil ou criminal dos infratores'. De modo geral, as Comissões Parlamentares de Inquérito têm prestado relevantes serviços ao País, trazendo à tona fatos de interesse público e, em alguns casos, permitindo que os responsáveis sejam posteriormente levados à Justiça. (...) Os poderes exercitáveis pelas CPIs são amplos, mas não irrestritos. Em primeiro lugar, há requisitos de forma (requerimento de um terço dos membros da Casa Legislativa), de tempo (há de ser por prazo certo) e de substância (apuração de fato determinado). De parte isto, tendo por referência os objetivos para os quais podem ser criadas produção legislativa e fiscalização dos demais Poderes, sofrem elas limitações de duas ordens: de competência e de conteúdo. O tema é polêmico e sobre ele elaborei estudo (Comissões parlamentares de inquérito e suas competências: política, direito e devido processo legal, in *Temas de direito constitucional*, tomo I, 2.ª ed., 2006, p. 97-139), cujas conclusões não são inteiramente acolhidas pela jurisprudência do Supremo Tribunal Federal, da qual é exemplo representativo o MS 23.452, Rel. Min. Celso de Mello. 15. Seja como for, o caso em questão trata do sigilo momentâneo que recai sobre depoimentos colhidos em regime de colaboração premiada, instituto novo no Brasil, cujos contornos ainda estão sendo desenhados. O referido sigilo é assim previsto no art. 7.º da Lei n.º 12.850/2013: 'Art. 7.º O pedido de homologação do acordo será sigilosamente distribuído, contendo apenas informações que não possam identificar o colaborador e o seu objeto. § 1.º As informações pormenorizadas da colaboração serão dirigidas diretamente ao juiz a que recair a distribuição, que decidirá no prazo de 48 (quarenta e oito) horas. § 2.º O acesso aos autos será restrito ao juiz, ao Ministério Público e ao delegado de polícia, como forma de garantir o êxito das investigações, assegurando-se ao defensor, no interesse do representado, amplo acesso aos elementos de prova que digam respeito ao exercício do direito de defesa, devidamente precedido de autorização judicial, ressalvados os referentes às diligências em andamento. § 3.º O acordo de colaboração premiada deixa de ser sigiloso assim que recebida a denúncia, observado o disposto no art. 5.º'. O sigilo previsto no art. 7.º da Lei n.º 12.850/2013, portanto, é instituído 'como forma de garantir o êxito das investigações' (§ 2.º), e, por isso mesmo, vale apenas temporariamente, até o recebimento da denúncia (§ 3.º). Como se percebe, o sigilo é da essência da investigação. Portanto, está longe de ser teratológica a interpretação segundo a qual, até o recebimento da denúncia, o acesso aos depoimentos colhidos em regime de colaboração premiada é restrito ao juiz, ao membro do Ministério Público, ao delegado de polícia e aos defensores que atuam nos respectivos autos. Isto porque a divulgação de dados durante o período crítico que antecede o recebimento da denúncia – ainda que para autoridades com hierarquia e poderes semelhantes – poderia comprometer o sucesso das apurações, bem como o conteúdo dos depoimentos ainda a serem colhidos e a decisão de eventuais envolvidos em colaborar ou não com a Justiça. (...)" (MS 33.278 – DF, Rel. Roberto Barroso, *DJ* 18.11.2014; negado seguimento.)

Superior Tribunal de Justiça

- "6. A Lei 12.850/2013, ao estabelecer a colaboração premiada como simples instrumento de obtenção de dados, garante ao delatado maior possibilidade de questionar o depoimento do delator, sobretudo no seu art. 7.º, § 3.º, ao prever que 'o acordo de colaboração premiada deixa de ser sigiloso assim que recebida a denúncia'" (AgRg no HC 417.489 – PR, 6.ª T., rel. Rogerio Schietti Cruz, 14.11.2017, v.u.).

Cabe ao magistrado analisar a regularidade (se foram preenchidos os requisitos do art. 6.º), a legalidade (se a colaboração se deu nos termos do art. 4.º) e a voluntariedade (se o delator não foi pressionado de alguma forma a cooperar, especialmente se está ou esteve sob efeito de medidas cautelares, como a prisão). Quanto à verificação da vontade livre do colaborador, *deve* o juiz ouvi-lo, sigilosamente, em audiência, embora na presença de seu defensor (art. 4.º, § 7.º, da Lei 12.850/2013).

A Lei 13.964/2019 deu nova redação ao referido § 7.º, acrescentando mais alguns requisitos para o magistrado avaliar antes de homologar o acordo. Incluiu-se a verificação quanto à adequação dos benefícios pactuados conforme a previsão feita no *caput* e nos §§ 4.º e 5.º do art. 4.º. Passou o inciso II do mencionado § 7.º a considerar nulas as cláusulas que possam violar os critérios de fixação do regime inicial de cumprimento da pena do art. 33 do Código Penal, as regras dos regimes estabelecidos no Código Penal e os requisitos de progresso de regime da Lei de Execução Penal, fora do âmbito do § 5.º.

Além disso, compete ao magistrado conferir se estão adequados os resultados da colaboração com os *mínimos resultados* exigidos nos incisos I a V do *caput* do art. 4.º. Não se define o que são *resultados mínimos*, razão pela qual se deve projetar o preceituado pelo art. 6.º, I, desta Lei: *possíveis resultados* prometidos pelo colaborador.

Conforme previsão inserida pela Lei 13.964/2019, no § 7.º-A, passa-se a exigir do magistrado e do tribunal maior empenho para avaliar o acordo feito entre MP ou delegado e delator. É preciso verificar a gravidade (ou não) do que foi narrado na denúncia (ou constar da imputação formulada no acordo) e os benefícios pactuados para ver se possuem equilíbrio. Uma informação de segunda categoria não pode receber o perdão judicial, por exemplo. Do mesmo modo, uma informação completa e muito relevante pode ter o perdão concedido. Enfim, é o trabalho do juiz de *julgar* o acordo. Não se analisará o acordo se já houver sentença condenatória, com trânsito em julgado, mas isto será da alçada do juiz das execuções penais.

Finalmente, nos termos do § 7.º-B, igualmente enxertado pela Lei 13.964/2019, são nulas as cláusulas que prevejam a renúncia ao direito de impugnar a decisão homologatória.

Há três caminhos a seguir: a) homologar o acordo, que produzirá todos os seus jurídicos efeitos, previstos na Lei 12.850/2013; b) recusar a homologação, por ausência dos requisitos legais, devolvendo o acordo para que seja reformulado pelas partes, adequando-o aos termos devidos (§ 8.º); c) indeferir a homologação do acordo, porque, apesar de devolvido às partes para readequação, continua imperfeito.

Segundo lição de Pier Paolo Bottini, "o magistrado está *vinculado* aos termos do acordo [está-se referindo ao juiz que proferirá a sentença] e deve aplicar os benefícios ao fixar a *dosimetria* da pena, mesmo quando não tenha sido ele o responsável pela *homologação* da avença. Há um *direito subjetivo* do colaborador de aceder os benefícios, uma vez que a colaboração gera um *dever* por parte do Estado quando *efetiva* sua postura, reconhecida por seu comportamento durante a instrução processual".[26] Note-se, portanto, a nítida relevância do ato judicial de homologação. É nesse estágio que o Estado-juiz deve verificar a *legalidade* do acordo, não permitindo, por exemplo, cláusulas abertas e completamente desligadas da Lei 12.850/2013.

A lei não especifica o recurso cabível para o ato judicial de homologação ou de indeferimento, razão pela qual cremos deva ser utilizada a apelação, decisão com força de definitiva, proferida no incidente de delação premiada. Afinal, quando não homologado o pacto, cessa ali o seu processamento e não poderá ser usado posteriormente em juízo. Defendíamos a correição parcial, porém, de fato, não se trata de um erro de procedimento do juiz, mas, sim, de uma decisão valorativa, que demanda o apelo.

Se o juiz homologar, não cabe recurso, pois há falta de interesse, já que as partes requereram a referida homologação. Quando se tratar de relator, em colegiado, o recurso é o agravo.[27]

A reforma na Lei 12.850/2013, produzida pela Lei 13.964/2019, introduziu duas hipóteses de rescisão do acordo homologado: a) omissão dolosa sobre os fatos objeto da colaboração (art. 4.º, § 17); b) cessação do envolvimento do colaborador em conduta ilícita relacionada ao objeto da colaboração (art. 4.º, § 18).

Essas duas situações não precisariam constar da lei considerando-se a possibilidade de retratação por parte do celebrante (poder público) a qualquer tempo, nos termos do art. 4.º, § 10. Porém, firma-se o entendimento de que, homologada a transação, não cabe a retratação, motivo pelo qual se tornou essencial prever hipóteses de rescisão.

Caso se descubra que o delator ocultou relevantes fatos referentes ao acordo realizado, agindo dolosamente, o que significa de má-fé, pois

---

26. "A homologação e a sentença na colaboração premiada na ótica do STF", in: Moura e Bottini, *Colaboração premiada*, p. 195.
27. Há quem sustente caber *recurso em sentido estrito*, porque a recusa em homologar o acordo seria equivalente a rejeitar a denúncia, o que nos parece equivocado. O negócio jurídico celebrado pelo MP e pelo delator pode ser *validado* ou *não*. Isto não tem absolutamente nada a ver com rejeição à pretensão punitiva do Estado. Melhor seria se o legislador tivesse feito a previsão específica do recurso cabível.

não se trata de analisar uma conduta criminosa, pode-se provocar a rescisão do pacto. Em primeiro lugar, cabe ressaltar que a iniciativa de rompimento deve partir do celebrante (órgão público), de modo que não é obrigatória; afinal, mesmo se deparando com a omissão de algum fato relativo ao objeto do acordo, este ainda pode ser relevante para o Estado, logo, mantido. Nem toda ocultação merece importância suficiente para acarretar a rescisão da colaboração premiada. Em segundo, não há necessidade de rescindir a negociação quando ainda não homologada; basta a retratação do celebrante. Sob outro aspecto, a inclusão dessa possibilidade de rescisão, quando não exercida, permite que o julgador, ao final, aplique o prêmio na exata extensão prevista no acordo, visto que para o Estado a ocultação foi considerada irrelevante.

Quanto à cessação do envolvimento do delator nas mesmas situações ilícitas que redundaram na colaboração premiada, é preciso salientar o caráter de lisura que se pretende alcançar nesse pacto. Conjuga-se a previsão feita no § 1.º do art. 4.º (a concessão do benefício deve levar em conta a personalidade do delator, a natureza, as circunstâncias, a gravidade e a repercussão social do fato criminoso) com o mínimo de eficiência para a contenção do crime organizado. Esse mínimo se liga ao desmantelamento da organização delituosa, pelo menos no que concerne ao delator, para justificar o prêmio que lhe será concedido ao final. Não teria sentido, em matéria de contenção da criminalidade desse naipe, se fosse tolerado que o colaborador, a despeito de entregar comparsas e expor fatos delituosos pretéritos, permanecesse ungido ao mesmo cenário infracional motivador do acordo de delação premiada. Aliás, essa inserção recente deveu-se a fatos concretos havidos em colaborações já realizadas, quando se constatou a continuidade do envolvimento do delator ao mesmo quadro de organização criminosa, embora pudessem mudar os agentes. Possibilitando-se a rescisão, elimina-se o debate, em juízo, acerca do caráter imutável de um acordo homologado.

Superior Tribunal de Justiça

- "Não há que se falar em redistribuição do feito, em razão da incompetência deste Relator, sob a alegação de que, além de homologar a colaboração premiada, também será o responsável pelo julgamento da respectiva ação penal, no bojo da qual ela serão essas delações utilizadas, eis que, a uma, a homologação é o ato judicial que aprecia a legalidade, a regularidade e a voluntariedade da delação de colaborador (art. 4.º, § 7.º, da Lei 12.850/13), aferindo-lhe validade como elemento de prova em processo penal futuro, que em nada difere da produção de outras provas indiciárias durante as investigações e, igualmente, jungidas ao crivo judicial, a duas, a tese levantada pela defesa, além de não possuir qualquer embasamento normativo, vai de encontro à modulação hermenêutica a ser conferida ao princípio da identidade física do Juiz (art. 399, § 2.º, do CPP, introduzido pela Lei 11.719/2008) o qual reza, dentre os seus objetivos, que a causa seja julgada, em regra, por aquele magistrado que colheu as provas, podendo-se avaliar, dessa forma, a credibilidade dos depoimentos que foram enraizadas e ainda pulsam em sua memória. (...)" (APn 897 – DF, Corte Especial, rel. Felix Fischer, 13.06.2019, v.u.).

- "2. É possível ao Desembargador Relator, monocraticamente, homologar ou rejeitar o acordo de colaboração premiada, dada à sua natureza jurídica como meio de obtenção de prova e ao poder instrutório conferido ao julgador. 3. A decisão que rejeita o acordo de colaboração premiada possui conteúdo decisório, pois é capaz de produzir modificação na esfera jurídica material e processual daqueles que o celebraram, bem como gerar-lhes prejuízos, razão pela qual a simples ausência de previsão normativa na Lei 12.850/2013 quanto a eventual recurso cabível, não tem o condão de tornar o *decisum* irrecorrível. Tratando-se de decisão monocrática proferida por Desembargador Relator, cabível o recurso de agravo interno por aplicação analógica das disposições do art. 1.021 do Código de Processo Civil. 4. Quando da remessa do acordo de colaboração premiada ao Poder Judiciário, este, por meio de seus agentes públicos, deve se limitar, dentro de seu juízo de delibação, conforme disposição expressa do artigo 4.º, § 7.º, da Lei 12.850/2013, à verificação da regularidade, legalidade e voluntariedade do acordo, não lhe sendo permitido, neste momento, proceder à realização de juízo de valor acerca das declarações prestadas pelo colaborador e nem à conveniência e oportunidade acerca da celebração deste negócio jurídico processual. 5. O exame quanto à eficácia objetiva da colaboração e às circunstâncias elencadas no artigo 4.º, § 1.º, da Lei 12.850/2013 deve ser realizado quando da prolação da sentença. 6. No caso dos autos, nula a decisão do Desembargador Relator que, para justificar a rejeição do acordo de colaboração premiada, procede a amplo juízo de valor acerca das declarações prestadas pela colaboradora, bem como da conveniência e oportunidade sobre o acerto ou desacerto da realização do acordo entre o Ministério Público e a ré e do momento processual em que efetivado, por ter excedido à análise dos requisitos de legalidade, voluntariedade e regularidade do negócio jurídico processual, exame ao qual encontrava-se limitado. 7. Ordem concedida para anular a decisão proferida pelo Desembargador Relator nos autos do Procedimento Cautelar Criminal 0000371-47.2016.8.03.0000 referente à decisão acerca da homologação de acordo de colaboração premiada nos autos da Ação Penal 0001417-13.2012.8.03.0000, devendo ser proferida nova decisão pelo Relator nos limites do art. 4.º, § 7.º, da Lei 12.850/2013." (HC 354800 – AP, 5.ª T., Rel. Reynaldo Soares da Fonseca, 19.09.2017, v.u.).

4.7 Oitiva do delator após a homologação

Realizada a homologação, está o colaborador mais seguro, motivo pelo qual poderá ser ouvido pelo Ministério Público ou pelo delegado responsável pelas investigações, sempre acompanhado pelo seu defensor (art. 4.º, § 9.º, da Lei 12.850/2013). O percurso ideal é a apresentação de proposta de acordo pelo delator, por escrito, representado por seu advogado, com poderes específicos para tanto. Nessa proposta deve ser exposto o que o colaborador está disposto a fornecer ao poder público em relação a um ou mais crimes em matéria de provas. Não sendo indeferida sumariamente, a proposta segue para a lavratura dos termos que a formalizam e garantem a confidencialidade. Segue, então, para a homologação e, depois, pode-se colher, formalmente, a declaração do delator. Entretanto, nada impede que este seja ouvido informalmente pela autoridade policial ou pelo Ministério Público, antes de apresentar a proposta de acordo, a fim de se aferir o interesse em eventual pacto de colaboração premiada.

Além disso, estabelece o § 14 do art. 4.º que o colaborador, quando prestar qualquer depoimento, deve *renunciar*, na presença de seu defensor, ao direito ao silêncio, comprometendo-se a dizer a verdade. Não teria sentido pretender cooperar invocando o direito de permanecer calado. O termo utilizado – *renunciar* – pode dar margem a questionamento quanto à sua constitucionalidade, visto que o direito ao silêncio tem base na Constituição Federal. Entretanto, nenhum direito possui caráter absoluto e todos se voltam à proteção dos interesses individuais.

Ora, o delator quer o *prêmio* pela colaboração prestada, pois fez um acordo legal com o Estado; não há outro caminho a não ser participar do processo, prestando declarações.

Exige-se o compromisso legal de dizer a verdade, significando que, mentindo ou ocultando fatos relevantes, pode responder pelo delito de falso testemunho. Entretanto, a posição de *testemunha* somente tem cabimento caso o delator não tenha sido denunciado pelo Ministério Público.

Figurando como corréu, embora protegido pelo acordo, não pode ser compromissado a dizer a verdade, visto não ser testemunha. Por outro lado, também não pode invocar o direito ao silêncio, pois, se o fizer, infringe as regras do acordo, que não mais surtirá efeito.

Em suma, constando no polo passivo, embora colaborador, *deve* manifestar-se em interrogatório, mas o valor de suas declarações tem o mesmo alcance de qualquer outro réu. Em qualquer hipótese, a previsão formulada pelo art. 4.º, § 14, é constitucional.[28] A Lei 12.850/2013 consagra a ampla defesa, situação evidentemente positiva, prevendo, no art. 4.º, §

---

28. Em contrário, Bitencourt e Busato, afirmando que o direito ao silêncio é praticamente absoluto, pois o réu abriria mão de um direito seu consagrado não apenas na Constituição, mas em tratados internacionais (*Comentários à lei da organização criminosa*, p. 135). Tive a oportunidade de dissertar, em meu Mestrado, sobre o valor da confissão no processo penal e recordo-me que já abordava, àquela época, nos idos de 1996, sobre o *direito* ao silêncio. Nunca soube haver um dever ao silêncio, sagrado e consagrado pela Constituição Federal. Aliás, se houvesse, não existiriam as *confissões* feitas por réus em juízo ou fora dele. Seriam todas inconstitucionais. Afinal, ninguém pode ser obrigado a produzir prova contra si mesmo *em circunstância alguma* (palavra dos autores, p. 135). Acabaria de ser decretada a inconstitucionalidade da confissão como meio de prova. Ademais, sem esses exageros, que não convencem o Judiciário, a colaboração premiada é também um *direito*, a ser exercido se o investigado quiser. Da mesma forma que a confissão se opõe ao silêncio, a colaboração também se torna incompatível com ele.

15, o seguinte: "em todos os atos de negociação, confirmação e execução da colaboração, o colaborador deverá estar assistido por defensor".

4.8 Retratação da parte contratante

É interessante o caminho adotado pela lei, ao permitir a retratação (voltar atrás, desdizer-se) de qualquer das partes do acordo: Ministério Público ou autoridade policial, dependendo de quem celebrou o acordo, e investigado. Inicialmente, sustentávamos que o delegado não seria parte, mas enfocávamos o processo. No entanto, a lei menciona que *as partes podem retratar-se da proposta*, de modo que se refere ao acordo, e não ao processo-crime. Na medida em que o STF entende que o delegado pode celebrar o acordo diretamente, independentemente do aval do MP, há de se concluir que a parte que pode celebrar de modo autônomo, pode retratar-se de igual forma.

Sob outro prisma, defendíamos que a retratação deveria ocorrer depois da homologação e antes da sentença condenatória, considerando a ideia de que, antes da homologação, bastaria não apresentar a proposta ao juiz para tanto. Logo, o recuo teria que se dar após o ato judicial de chancela do acordo. No entanto, convencemo-nos de haver outra visão mais racional sobre o tema, que não é tratado com clareza pela Lei 12.850/2013. Em primeiro lugar, a partir da reforma introduzida pela Lei 13.964/2019, a proposta de acordo apresentada pelo colaborador, não sendo sumariamente indeferida, será formalmente considerada pela lavratura de um termo próprio, vinculando as partes, especialmente os órgãos públicos, impedindo o indeferimento posterior sem justa causa (art. 3.º-B desta Lei). Existe aí uma formalização inegável, já se podendo cuidar de *retratação*. Em mais aprofundada reflexão, soa-nos, de fato, incompreensível que, homologada a proposta pelo juiz, consolidado o acordo, permita-se a retratação. Afinal, a lei indica a retratação de uma *proposta de acordo*, o que aponta para uma diferença entre essa fase inicial de negociação e a sua consolidação, tornando-se acordo judicialmente homologado. Permitir a retratação depois da homologação, mesmo que até a sentença, torna o pacto inseguro e claudicante. É preciso que a doutrina e a jurisprudência tornem o vácuo legal em situação jurídica mais consolidada. Enfim, passamos a defender que a retratação possa ser realizada após a formalização da proposta de acordo por termo até a homologação do acordo pelo juiz por qualquer dos envolvidos no pacto.

Masson e Marçal sustentam uma visão diferenciada, prevendo a viabilidade unilateral de retratação até a homologação judicial. Depois disso, somente se houver distrato das partes até a sentença.[29] Não se pode discordar desse ponto de vista, pois o distrato consolidaria a livre vontade de ambas as partes, inexistindo insegurança nesse ato conjunto.

Não se esclarece qualquer razão para haver a retratação após o recebimento da proposta formal, mas se vislumbra não tenha havido sucesso na obtenção de provas, tal como prometido pelo delator, permitindo ao poder público o recuo. Ou, sob outro prisma, o colaborador pode entender que a delação lhe trará mais prejuízos do que vantagens, voltando atrás.

As provas produzidas por conta da delação, que incriminem o colaborador, não poderão ser usadas *exclusivamente* contra seus interesses no feito. Noutros termos, havendo a retratação, tudo o que foi produzido após a apresentação da proposta pelo delator somente não valerá contra este, mas poderá ser utilizado pelo poder público no tocante a outros investigados ou corréus.

Essa medida pode ser complicada, pois se o colaborador voltou atrás – somente para ilustrar – porque se arrependeu de ter entregue os demais cúmplices, querendo evitar represália, a utilização das provas advindas em face da colaboração *contra* os outros pode ser perigosa a ele.

Sob outro prisma, caso o Ministério Público se retrate, nenhum benefício advirá ao delator, mas as informações captadas podem ser usadas contra outros envolvidos, chegando a um paradoxo: a ajuda do delator serviu, mas ele não recebe prêmio algum; apenas não terá as provas surgidas por sua cooperação utilizadas contra sua pessoa. Isso pode ser insuficiente, pois o órgão acusatório, em fontes independentes, pode amealhar provas suficientes para também condenar o delator.

4.9 *Finalização do processo*

Finda a instrução, seguindo posição firmada pelo STF, a Lei 13.964/2019 introduziu o § 10-A ao art. 4.º da Lei 12.850/2013, nos seguintes termos: "em todas as fases do processo, deve-se garantir ao

---

29. *Crime organizado*, p. 273.

réu delatado a oportunidade de manifestar-se após o decurso do prazo concedido ao réu que o delatou". O entendimento privilegia não somente o contraditório, mas sobretudo a ampla defesa, pois o delator termina funcionando como elemento de prova da acusação. Embora possa figurar no polo passivo, juntamente com os corréus delatados, a sua palavra e as suas manifestações, nos autos, servem aos seus interesses para que possa receber o prêmio constante do acordo. E esses interesses devem atender às expectativas do órgão acusatório, logo, contra o proveito dos demais delatados.

Desse modo, não apenas nas alegações finais o delator deve manifestar-se antes dos demais réus, mas em todas as fases do processo (ex.: introduzido um documento pelo órgão acusatório, o primeiro a expor a sua visão sobre a prova deve ser o delator; após, ouvem-se os demais).

Na delação premiada, o juiz, na sentença, deve avaliar, concretamente, os termos do acordo para checar o que foi proposto pelo colaborador, o que foi efetivamente produzido durante a instrução e o resultado efetivado no tocante à materialidade do crime e dos seus autores (art. 4.º, § 11). Cumprido integralmente o prometido pelo delator, no acordo celebrado, tem ele direito ao prêmio contratado e assim deverá o juiz aplicar. Pode ser o perdão, extinguindo a sua punibilidade ou a aplicação da pena individualizada, com a diminuição programada e até mesmo da substituição da pena privativa de liberdade por restritiva de direitos.

A delação nunca foi uma prova absoluta, mesmo quando concretizada sem qualquer prêmio, pois envolve uma *autoacusação* e um *testemunho*. Trata-se de um coautor ou partícipe do crime, de modo que, como todo agente de delito, tem a imunidade de se proteger invocando o silêncio. A partir do momento em que abre mão disso para assumir a autoria de uma infração penal estaria confessando, caso figurasse como indiciado ou réu em determinada ação penal. E a confissão é um meio de prova de validade relativa, dependente de outros fatores para se consolidar e formar o convencimento do julgador (art. 197, CPP). Portanto, quando ocorre uma delação, seja premiada ou não, cuida-se de um meio de prova relativo.

A partir do momento em que o Estado cria mecanismos para obter essa *confissão atrelada a uma acusação*, ofertando um prêmio que se realiza por meio de abrandamento de punição ou afastamento desta, com maior cautela deve-se avaliar a validade e a veracidade de tudo o que foi dito e apontado pelo delator.

O ato de admissão de culpa é antinatural, razão pela qual a legislação, compreendendo o que se passa na mente humana, não exige a autoacusação; ao contrário, confere o direito ao silêncio, sem qualquer presunção de culpa. Além disso, havendo confissão espontânea, configura-se uma atenuante para a punição. Diante desse quadro, a delação envolve dois atos antinaturais: admitir a culpa e dedurar o comparsa. Não bastasse, oferta-se uma recompensa para isso, concretizando um quadro particularmente delicado, merecedor de especial avaliação pelo Estado-juiz.

Não é por acaso que a Lei 12.850/2013 estabelece a impropriedade de se considerar, de maneira exclusiva, a declaração do colaborador para o fim de decretar medidas cautelares reais (restrição à propriedade) ou pessoais (restrição à liberdade), receber denúncia ou queixa ou proferir sentença condenatória contra pessoas delatadas (art. 4.º, § 16).

Supremo Tribunal Federal

- "1. Os colaboradores são interessados no reconhecimento da responsabilidade penal dos delatados, por ser o fundamento da sanção premial que receberão – art. 4.º da Lei 12.850/2013. Exatamente por isso, a lei confere escasso valor probatório ao depoimento dos colaboradores premiados – art. 4.º, § 16, da Lei 12.850/2013. Suas declarações devem ser reforçadas por outros elementos de prova que as confirmem. 2. No caso, além da palavra dos colaboradores, não há indícios suficientes contra o Senador denunciado. A falta de indícios mínimos que justifiquem o recebimento da denúncia deve ensejar a sua rejeição, nos termos do art. 6.º da Lei 8.038/90 e art. 395 do CPP" (Inq 4005, 2.ª T., Rel. Edson Fachin, Rel. para acórdão: Gilmar Mendes, 11.12.2018, m.v.).
- "2. O juízo sobre os termos do acordo de colaboração, seu cumprimento e sua eficácia, conforme preceitua o art. 4.º, § 11, da Lei 12.850/2013, dá-se por ocasião da prolação da sentença (e no Supremo Tribunal Federal, em decisão colegiada), não se impondo na fase homologatória tal exame previsto pela lei como controle jurisdicional diferido, sob pena de malferir a norma prevista no § 6.º do art. 4.º da referida Lei 12.850/2013, que veda a participação do juiz nas negociações, confe-

rindo, assim, concretude ao princípio acusatório que rege o processo penal no Estado Democrático de Direito" (Pet 7074 QO – DF, Tribunal Pleno, Rel. Edson Fachin, 29.06.2017, m.v.).

• "Conforme já anunciado pelo Plenário do Supremo Tribunal Federal, o conteúdo dos depoimentos colhidos em colaboração premiada não é prova por si só eficaz, tanto que descabe condenação lastreada exclusivamente neles, nos termos do art. 4.º, § 16, da Lei 12.850/2013. São suficientes, todavia, como indício de autoria para fins de recebimento da denúncia (Inq 3.983, Rel. Min. Teori Zavascki, Tribunal Pleno, *DJe* 12.05.2016). No caso, vislumbra-se substrato probatório mínimo de materialidade e autoria dos delitos de lavagem de capitais e associação criminosa atribuída aos denunciados Lúcio Quadros Vieira Lima, Geddel Quadros Vieira Lima, Marluce Quadros Vieira Lima, Luiz Fernando Machado da Costa Filho e Job Ribeiro Brandão" (Inq 4633 – DF, 2.ª T., Rel. Edson Fachin, 08.05.2018, v.u.).

Superior Tribunal de Justiça

• "A condenação do agravante não decorreu apenas das declarações do colaborador, mas sim de todo o contexto probatório produzido no curso da instrução criminal, o que afasta a alegada violação do art. 4.º, § 16, da Lei 12.850/2013" (AgRg no AREsp 1301191 – SP, 5.ª T., Rel. Ribeiro Dantas, 19.03.2019, v.u.).

4.10 Registro do procedimento da colaboração premiada

Corretamente, por cautela, a Lei 12.850/2013 (art. 4.º, § 13) especifica que "o registro das tratativas e dos atos de colaboração deverá ser feito pelos meios ou recursos de gravação magnética, estenotipia, digital ou técnica similar, inclusive audiovisual, destinados a obter maior fidelidade das informações, garantindo-se a disponibilização de cópia do material ao colaborador".

Em especial, a avaliação do juiz acerca da voluntariedade (liberdade de ação) do delator ficará muito mais evidente por meio de gravação audiovisual.

5. Direitos do colaborador

Preceitua o art. 5.º da Lei 12.850/2013 serem direitos do colaborador os seguintes: "I – usufruir das medidas de proteção previstas na legislação específica; II - ter nome, qualificação, imagem e demais informações pessoais preservados; III - ser conduzido, em juízo, separadamente dos demais coautores e partícipes; IV - participar das audiências sem contato visual com os outros acusados; V - não ter sua identidade revelada pelos meios de comunicação, nem ser fotografado ou filmado, sem sua prévia autorização por escrito; VI - cumprir pena ou prisão cautelar em estabelecimento penal diverso dos demais corréus ou condenados".

As medidas de proteção (inc. I) são previstas pela Lei 9.807/1999 (Lei de Proteção a Testemunhas e Vítimas), particularmente, o disposto pelos arts. 7.º, 8.º e 9.º. *In verbis*: "Art. 7.º Os programas compreendem, dentre outras, as seguintes medidas, aplicáveis isolada ou cumulativamente em benefício da pessoa protegida, segundo a gravidade e as circunstâncias de cada caso: I - segurança na residência, incluindo o controle de telecomunicações; II - escolta e segurança nos deslocamentos da residência, inclusive para fins de trabalho ou para a prestação de depoimentos; III - transferência de residência ou acomodação provisória em local compatível com a proteção; IV - preservação da identidade, imagem e dados pessoais; V - ajuda financeira mensal para prover as despesas necessárias à subsistência individual ou familiar, no caso de a pessoa protegida estar impossibilitada de desenvolver trabalho regular ou de inexistência de qualquer fonte de renda; VI - suspensão temporária das atividades funcionais, sem prejuízo dos respectivos vencimentos ou vantagens, quando servidor público ou militar; VII - apoio e assistência social, médica e psicológica; VIII - sigilo em relação aos atos praticados em virtude da proteção concedida; IX - apoio do órgão executor do programa para o cumprimento de obrigações civis e administrativas que exijam o comparecimento pessoal. Parágrafo único. A ajuda financeira mensal terá um teto fixado pelo conselho deliberativo no início de cada exercício financeiro"; "Art. 8.º Quando entender necessário, poderá o conselho deliberativo solicitar ao Ministério Público que requeira ao juiz a concessão de medidas cautelares direta ou indiretamente relacionadas com a eficácia da proteção"; "Art. 9.º Em casos excepcionais e considerando as características e gravidade da coação ou ameaça, poderá o conselho deliberativo encaminhar requerimento da pessoa protegida ao juiz competente para registros públicos objetivando a alteração de nome completo. § 1.º A alteração de nome completo poderá estender-se às pessoas mencionadas no § 1.º do art. 2.º desta Lei, inclusive aos filhos menores, e será precedida das providências necessárias ao resguardo de direitos de terceiros. § 2.º O requerimento será sempre fundamentado e o juiz ouvirá previamente o Ministério Público, determinando, em seguida, que o procedimento tenha rito sumaríssimo e corra em segredo de justiça. § 3.º Concedida a alteração pretendida, o juiz determinará na sentença, observando o sigilo indispensável à proteção do interessado: I – a averbação no registro original de nascimento da menção de que houve alteração de nome completo em conformidade com o estabelecido nesta Lei, com expressa referência à sentença autorizatória e ao juiz que a exarou e sem a aposição do nome alterado; II – a determinação aos órgãos competentes para o fornecimento dos documentos decorrentes da alteração; III – a remessa da sentença ao órgão nacional competente para o registro único de identificação civil, cujo procedimento obedecerá às necessárias restrições de sigilo. § 4.º O conselho deliberativo, resguardado o sigilo das informações, manterá controle sobre a localização do protegido cujo nome tenha sido alterado. § 5.º Cessada a coação ou ameaça que deu causa à alteração, ficará facultado ao protegido solicitar ao juiz competente o retorno à situação anterior, com a alteração para o nome original, em petição que será encaminhada pelo conselho deliberativo e terá manifestação prévia do Ministério Público".

Quanto à preservação do nome, qualificação, imagem e outras informações pessoais (inc. II), sem dúvida, possui caráter absoluto no tocante ao público em geral, particularmente em relação à mídia. Porém, jamais poderá ficar oculto da defesa dos outros corréus, criando-se um testemunho secreto, sem qualquer identidade. O princípio constitucional da ampla defesa veda o sigilo extremado, permitindo o acesso dos defensores a qualquer meio de prova constante dos autos. A defesa dos outros acusados pode conhecer a identidade do delator, contraditá-lo e dirigir-lhe perguntas.

O direito de ser conduzido ao fórum separadamente dos demais coautores e partícipes (inc. III) é uma imposição lógica de sua postura de delator. Colocados todos juntos, por certo, seria o colaborador agredido e até morto. Cuida-se, na realidade, de uma medida de ordem administrativa, da alçada do Poder Executivo, que providencia as escolhas necessárias aos transportes de presos. Pode-se – e deve-se – ampliar o entendimento para manter o delator totalmente separado dos outros corréus durante toda a instrução, em recintos diversos no fórum ou tribunal.

A participação das audiências sem contato visual com os outros acusados (inc. IV) é direito relativo, pois depende de várias circunstâncias: a) se no local, onde todos são ouvidos e acompanham a audiência, há videoconferência, para que se possa colocar o delator em sala separada, se ele quiser, podendo visualizar a produção da prova, sem ser visto pelos demais; b) não havendo aparelhagem, cabe ao colaborador decidir se quer permanecer em sala de audiência, acompanhando o desenvolvimento da colheita probatória, ou prefere ficar noutro local, afastado dos demais acusados; c) existindo necessidade de acareação, mesmo entre delator e delatado, pois é um meio de prova lícito, por óbvio, haverá contato visual entre ambos; d) havendo necessidade de reconhecimento, conforme o caso, pode ser obrigado a ficar lado a lado com outro corréu para que certa testemunha identifique um dos dois, persistindo dúvida. Por outro lado, quando o delator não for denunciado, ingressará no feito não mais como corréu, mas como testemunha; nessa hipótese, utilizará o disposto pelo art. 217 do CPP, podendo-se retirar os acusados da sala ou transferir o depoimento para sala de videoconferência.

Não ter a sua identidade revelada pelos meios de comunicação, nem ser fotografado ou filmado, sem sua prévia autorização por escrito (inc. V), é uma decorrência natural da proteção aos seus dados pessoais, situação já prevista no inc. II. De qualquer modo, ratifica-se a ideia de que a mídia, escrita ou televisionada, deve guardar estrito sigilo acerca da identidade do delator, mesmo que a descubra por qualquer fonte. Aliás, passou a constituir crime tal divulgação, nos termos do art. 18 da Lei 12.850/2013.

Poder-se-ia argumentar a existência de confronto entre o disposto nesse inc. V do art. 5.º da Lei 12.850/2013 e a previsão feita pelo art. 220, § 1.º, da Constituição Federal ("nenhuma lei conterá dispositivo que possa constituir embaraço à plena liberdade de informação jornalística em qualquer veículo de comunicação social, observado o disposto no art. 5.º, IV, V, X, XIII e XIV"). Há somente um conflito aparente de normas, pois a liberdade de informação jornalística cede espaço ao direito à intimidade, à vida privada e à imagem das pessoas (art. 5.º, X, da CF). Diante disso, é viável que a lei ordinária possa disciplinar algumas situações em que a liberdade de imprensa não é total. Ademais, não se trata unicamente de tutelar a imagem do delator, mas a sua segurança individual.

O direito de cumprir pena em estabelecimento penal diverso dos demais coautores e partícipes é correto, evitando-se represálias fatais contra o colaborador. Aliás, não somente cabe a distinção de presídios, mas também de cela ou pavilhão. Noutros termos, é sabido que a lei do silêncio impera no campo da marginalidade, de modo que o delator se torna um inimigo geral dos delinquentes, podendo ser agredido e morto em qualquer lugar, até mesmo por um estranho. A Lei 13.964/2019 acrescentou ao inciso VI que também a prisão cautelar do delator precisa ser executada em lugar distinto de onde estão os demais corréus delatados.

A mais adequada medida de proteção do Estado é separar o delator em certo presídio e, dentro deste, em ala específica, longe dos demais presos.

Em verdade, ser delator é um fardo; traz benefícios penais, mas também muitas preocupações. O prêmio recebido deve ser muito bem ponderado para valer os sacrifícios que se seguirão após a colaboração prestada. A bem da verdade, se até hoje não ocorreu uma tragédia, envolvendo a integridade física do colaborador, é pelo fato de que a delação premiada tem se restringido a crimes econômico-financeiros ou contra a administração pública, onde a violência, como regra, inexiste. Cuidando-se de organização criminosa abrangendo crimes violentos a colaboração premiada praticamente não acontece.

Supremo Tribunal Federal

- "É certo, portanto, que a simples especulação jornalística a respeito da existência de acordo de colaboração premiada ou da sua homologação judicial ou de declarações que teriam sido prestadas pelo colaborador não é causa juridicamente suficiente para a quebra do regime de sigilo, sobretudo porque poderia comprometer a investigação" (Pet 6164 AgR – DF, 2.ª T., Rel. Teori Zavascki, 06.09.2016, v.u.).
- "1. O conteúdo dos depoimentos prestados em regime de colaboração premiada está sujeito a regime de sigilo, que, a teor da Lei 12.850/2013 (art. 7º, § 3º), regra geral, perdura até o recebimento da denúncia e, de modo especial, deve ser observado em momento anterior à instauração formal de procedimento investigatório. 2. Nos termos da Súmula Vinculante 14, indispensável ao acesso da defesa que os elementos

de prova estejam documentados e incorporados ao procedimento investigatório. Precedentes. 3. Agravo regimental desprovido." (Pet 6351 AgR – DF, 2.ª T., Rel. Edson Fachin, 07.02.2017, v.u.).

Superior Tribunal de Justiça

- "De acordo com o artigo 5º da Lei nº 12.850/2013, no bojo da colaboração premiada, é direito do colaborador ter a sua qualificação e dados pessoais preservados. No presente caso, a decisão do magistrado de vedar o acesso às informações referentes ao local de residência e às autorizações para deslocamentos do colaborador está assente com a legislação de regência, bem como não tem o condão de inviabilizar o direito defesa do ora paciente. É cediço que a colaboração premiada tem natureza jurídica de meio de obtenção de prova. Dessa forma, um acordo de colaboração não enseja, por si só, uma sentença condenatória, aquele precisa estar amparado por um conjunto probatório, conforme o art. 4º, § 16, da Lei nº 12.850/2013. *In casu*, a eventual falta de acesso à fase preliminar de um acordo não tem o condão de anular o processo por cerceamento de defesa" (HC 341790 – PR, 5.ª T., Rel. Felix Fischer, 26.04.2016, v.u.).

6. Direitos do delatado

A mera existência de uma delação, envolvendo terceiro, não significa uma prova absoluta de culpa do delatado. Aliás, da mesma maneira que uma confissão do suspeito, mormente quando feita na fase investigatória, tem o valor de indício de autoria ou elemento concernente à materialidade do crime, a delação tem um longo caminho a percorrer até que possa, realmente, servir como meio de *prova confiável*. Defendemos ser esta a natureza jurídica da delação, tal como ocorre com a confissão: um indício. O ponto fulcral é o seu valor, a ser apreciado caso a caso.

Por outro lado, o delatado não tem o direito de impugnar a delação realizada contra a sua pessoa, mesmo que isso lhe esteja trazendo consequências negativas – como a abertura de uma investigação criminal. Isto não significa que não possua o amplo direito de se defender e contrariar todo o quadro probatório existente nos autos, caso venha a se tornar réu.

O delatado não tem legitimidade para impugnar, por qualquer meio, o acordo homologado de delação premiada, que o envolve, a menos que tenham sido firmados termos ilegais para a delação se concretizar. No entanto, tem o direito de pleno acesso a ele quando já houver ação penal ajuizada contra a sua pessoa.

Há um aspecto importante a ser levado em consideração pelos órgãos estatais, que coletam uma delação, consistente em não tomar medidas drásticas imediatas contra o delatado, sem que a colaboração tenha ofertado provas efetivas e concretas. Noutros termos, a simples declaração de alguém assumindo a autoria de um delito e imputando a um comparsa a coautoria ou participação deve vir acompanhada de outros elementos probatórios para que, então, o delatado sofra alguma consequência, mesmo cautelar, como a decretação de sua prisão provisória. É o que se pode colher do art. 4.º, § 16, na redação dada pela Lei 13.964/2019.

Embora a delação premiada constitua um novo instituto promissor no enfrentamento à criminalidade organizada, há de se revestir de veracidade e confiabilidade, sob pena de prejudicar, gravemente, a vida do delatado, sem nada produzir de prova concreta. A cautela judicial, nesse prisma, parece-nos essencial.

Supremo Tribunal Federal

- "1. A colaboração premiada é meio de obtenção de prova (art. 3.º da Lei 12.850/2013). Não se placita, antes ou depois da Lei 12.850/2013, condenação fundada exclusivamente nas declarações do agente colaborador. 2. A presunção de inocência, princípio cardeal no processo criminal, é tanto uma regra de prova como um escudo contra a punição prematura. Como regra de prova, a formulação mais precisa é o *standard* anglo-saxônico no sentido de que a responsabilidade criminal deve ser provada acima de qualquer dúvida razoável (*proof beyond a reasonable doubt*), o qual foi consagrado no art. 66, item 3, do Estatuto de Roma do Tribunal Penal Internacional. 2.1. Na espécie, ausente prova para além de dúvida razoável da participação do acusado, Deputado Federal, nos crimes licitatórios praticados com verbas decorrentes de emendas orçamentárias de sua autoria, do recebimento de vantagem indevida em decorrência das emendas orçamentárias, ou de associação perene a grupo dedicado à prática de crimes contra a administração pública, particularmente no que diz quanto à aquisição superfaturada de ambulâncias com recursos federais. 3. Ação penal julgada improcedente" (AP 676 – MT, 1ª. T., Rel. Rosa Weber, 17.10.2017, v.u.).

Superior Tribunal de Justiça

- "A jurisprudência dos Tribunais Superiores firmou-se no sentido de que a delação premiada constitui negócio jurídico personalíssimo, que gera obrigações e direitos entre as partes celebrantes, e que não interfere automaticamente na esfera jurídica de terceiros, razão pela qual estes, ainda que expressamente mencionados ou acusados pelo delator em suas declarações, não possuem legitimidade para questionar a validade do acordo celebrado. O delatado pode, na verdade, confrontar em juízo o que foi afirmado pelo delator. Precedentes do STF e do STJ. 9. Recurso em *habeas corpus* improvido" (RHC 73043 – DF, 5.ª T., Rel. Reynaldo Soares da Fonseca, 12.12.2017, v.u.).

Tribunal Regional Federal – 1.ª Região

- "É direito subjetivo do réu ter acesso à mídia da Colaboração Premiada para a construção da sua defesa prévia, se a delação for a base da justa causa da ação penal reconhecida na própria denúncia. O prazo para apresentação de defesa prévia deverá ser restituído ao réu, ora paciente, contando-se termo inicial a partir da data de juntada da integralidade das mídias. Ordem de *habeas corpus* concedida, para determinar a juntada aos autos das mídias porventura ainda não apresentadas, bem como a devolução integral do prazo para apresentação de defesa prévia, após a referida juntada das mídias ao feito" (HC 0071497-50.2016.4.01.0000 – DF, 3.ª T., Rel. Ney Bello, 21.02.2017, v.u.).

- "I – Consoante prevalente orientação do Supremo Tribunal Federal, 'o conteúdo dos depoimentos colhidos em colaboração premiada não é prova por si só eficaz, tanto que descabe condenação lastreada exclusivamente neles, nos termos do art. 4.º, § 16, da Lei 12.850/2013. São suficientes, todavia, como indício de autoria para fins de recebimento da denúncia (Inq 3.983, Rel. Min. Teori Zavascki, Tribunal Pleno, *DJe* 12.05.2016)' (STF – Inq 3.982, 2.ª T., *DJe* 05.06.2017). (...)" (Inq 0034616-40.2017.4.01.0000 – BA, 2.ª Seção, Rel. Cândido Ribeiro, 22.11.2017, v.u.).

Tribunal de Justiça de Mato Grosso do Sul

- "Por se tratar de um negócio jurídico processual personalíssimo, o acordo de colaboração premiada não pode ser impugnado por coautores ou partícipes do colaborador na organização criminosa e nas infrações penais por ela praticadas, ainda que venham a ser expressamente nominados no respectivo instrumento quando do 'relato da colaboração e seus possíveis resultados' (art. 6.º, I, da Lei 12.850/2013). [...] Outrossim, negar-se ao delatado o direito de impugnar o acordo de colaboração não implica desproteção a seus interesses. A uma porque a própria Lei 12.850/2013 estabelece que 'nenhuma sentença condenatória será proferida com fundamento apenas nas declarações de agente colaborador' (art. 4.º, § 16). A duas porque, como já exposto, será assegurado ao delatado, pelo contraditório judicial, o direito de confrontar as declarações do colaborador e as provas com base nela obtidas. (STF – HC 127483, Rel. Min. Dias Toffoli, Tribunal Pleno, j. em 27.08.2015, DJe-021 divulg. 03.02.2016, public. 04.02.2016)" (HC 1413020-10.2016.8.12.0000 – MS, 1.ª Câmara Criminal, Rel. Manoel Mendes Carli, 24.01.2017, v.u.).

IV

AÇÃO CONTROLADA

1. Conceito

Trata-se do retardamento legal da intervenção policial ou administrativa, basicamente a realização da prisão em flagrante, mesmo estando a autoridade policial diante da concretização do crime praticado por organização criminosa, sob o fundamento de se aguardar o momento oportuno para tanto, colhendo-se mais provas e informações. Assim, quando, futuramente, a prisão se efetivar, será possível atingir um maior número de envolvidos, especialmente, se viável, a liderança do crime organizado.

Nos termos do art. 8.º da Lei 12.850/2013: "consiste a ação controlada em retardar a intervenção policial ou administrativa relativa à ação praticada por organização criminosa ou a ela vinculada, desde que mantida sob observação e acompanhamento para que a medida legal se concretize no momento mais eficaz à formação de provas e obtenção de informações".

Na redação dada pela Lei 12.850/2013, que substituiu a anterior Lei do Crime Organizado (Lei 9.034/95), incluiu-se a intervenção *administrativa*, voltada aos órgãos de controle interno das instituições, particularmente a policial (Corregedoria da Polícia). Desse modo, não somente o delegado está autorizado a retardar o flagrante, como também a Corregedoria não precisa intervir, de pronto, caso existam agentes policiais na organização criminosa.

Outra alteração da lei diz respeito a permitir a ação controlada no tocante a delitos cometidos também por outras pessoas, que não pertencem à organização criminosa investigada, mas estão a ela ligadas.

A natureza jurídica da ação controlada é um meio de obtenção de prova caracterizado, durante o seu procedimento, pela busca e, eventualmente, pela apreensão de coisas ou pessoas, que importam para apurar o crime.

A Convenção de Palermo, cuidando do crime organizado transnacional, disciplina uma modalidade de *ação controlada* como "entrega vigiada", ou seja, "a técnica que consiste em permitir que remessas ilícitas ou suspeitas saiam do território de um ou mais Estados, os atravessem ou neles entrem, com o conhecimento e sob o controle das suas autoridades competentes, com a finalidade de investigar infrações e identificar as pessoas envolvidas na sua prática".

2. **Requisitos**

A lei não os estabelece expressamente, mas devem ser observados, ao menos, os seguintes:

a) *tratar-se de infração penal praticada por organização criminosa ou a ela ligada:* a ação controlada não é autorizada para toda e qualquer infração penal, por mais grave que seja. Trata-se de mecanismo criado para o combate ao crime organizado, voltando-se, portanto, aos delitos praticados nesse cenário. Lembremos que, prevalecendo o princípio da obrigatoriedade da ação penal, bem como da indeclinabilidade da investigação, em razão de crime de ação pública incondicionada, assim que se vislumbra, por exemplo, um flagrante, deve a autoridade policial prender de imediato o agente, lavrando o respectivo auto. Por vezes, assim agindo, pode deter o criminoso de menor importância, permitindo que o líder do agrupamento, despertado pela prisão efetivada, fuja. A ação controlada mitiga o poder estatal de agir imediatamente após o cometimento do delito;

b) *existir investigação formal instaurada para averiguar as condutas delituosas da organização criminosa*: a ação controlada não pode ser medida informal de investigação; há que se instaurar o procedimento adequado para acompanhar a conduta da polícia;

c) *encontrar-se a organização criminosa em permanente e atual observação e vigilância, inclusive pelo mecanismo da infiltração de agentes, quando for o caso*: a ação controlada não pode nascer por mero acaso, mas precisa ser fruto da observação e do acompanhamento das atividades da organização criminosa; um dos importantes mecanismos idealizados para essa vigilância é a infiltração de agentes;

d) *ter o objetivo de amealhar provas para a prisão e/ou indiciamento do maior número de pessoas*: retardar a intervenção policial ou administrativa deve ter propósitos específicos e relevantes, consistente em conseguir o mais amplo espectro de provas com o objetivo de desbaratar a organização, identificar seus integrantes, reaver o produto ou proveito dos delitos, enfim, ter inconteste ganho pela ação retardada do Estado;

e) *comunicação prévia ao juiz competente*: como se mencionou, a ação controlada deve ser formalizada e nada mais correto que se submeter ao crivo judicial, afinal, direitos e garantias individuais estão em jogo, assim como a própria legalidade da atuação estatal (art. 8.º, § 1.º, Lei 12.850/2013);

f) *respeitar os eventuais limites fixados pelo magistrado*: não deve ser a regra, mas a exceção, pois não cabe ao juiz fixar os parâmetros da ação controlada, uma atividade típica de investigação (art. 8.º, § 1.º, Lei 12.850/2013). Quem mais pode saber até onde ir é o delegado – e, também, o Ministério Público –, menos o magistrado, que não deve buscar provas nessa fase investigatória. Entretanto, em casos excepcionais, é preciso a intervenção judicial impondo alguns limites, em especial quando envolver intervenções mais contundentes, como quebra de sigilo bancário ou fiscal, interceptação telefônica etc.

Sobre a comunicação, Márcio Alberto Gomes Silva não vê problema em ser realizada de forma genérica, o que nos parece correto, explicando o seguinte: "é bastante provável que no curso das medidas cautelares mencionadas, o aparelho policial se depare com a prática de crimes menores (geralmente cometidos por integrantes menos nobres da organização criminosa) que, se atacados imediatamente, certamente atrapalhariam a execução de delitos maiores, estes sim foco da investigação de fundo. Exemplifico. Imaginemos investigação que objetiva desarticular organização criminosa voltada à prática de roubos a banco. Suponhamos que os integrantes da agremiação furtem armas, roubem veículos, subtraiam explosivos, tudo com o objetivo de materializar ataques simultâneos em duas cidades do interior da Bahia. Caso o aparelho policial esteja monitorando terminais móveis de integrantes do consórcio criminoso e se veja obrigado a prender imediatamente os integrantes do grupamento criminoso que praticaram os primeiros delitos, certamente não conseguirá apreender o armamento pesado e prender os principais membros da organização criminosa". E completa: "não conseguir materializar prisão em flagrante no curso de ação controlada não configura crime praticado pelos policiais responsáveis pela vigilância".[1]

3. Procedimento

Instaura-se inquérito policial para apurar o crime de organização criminosa e os delitos por ela praticados.

A autoridade policial, que preside a investigação, percebe ser indispensável a *ação controlada* por parte de seus agentes, como forma de ampliar a colheita de provas e permitir maior noção e conhecimento acerca da organização criminosa.

Oficia ao juiz responsável pelo acompanhamento da investigação, fazendo a comunicação – não se trata de um pedido de autorização prévio, nos termos do art. 8.º, § 1.º, da Lei 12.850/2013. Ciente da ação controlada que se iniciará, o magistrado pode, conforme o caso concreto, estabelecer limites para a atuação policial. Entretanto, não poderá imiscuir-se no procedimento, ditando como fazer nem onde empreender.

O Ministério Público será cientificado e nada impede que proponha alguma diligência ou procedimento específico, bem como sugira ao juiz alguma espécie de limite a ser imposto.

---

1. *Organizações criminosas*, p. 42-43.

Questão interessante é a viabilidade – ou não – do indeferimento da ação controlada pelo juiz. Como mencionamos linhas acima, a lei não se refere a tal possibilidade, mas apenas à fixação de limites.

Entretanto, o magistrado é o juiz da legalidade e a autoridade que zela pelos direitos fundamentais; logo, se a ação controlada não se justificar, porque os fundamentos apresentados pela autoridade são totalmente inconsistentes, cremos que pode haver o indeferimento. Ditar *como* a polícia deve trabalhar, jamais. Porém, negar por completo a ação controlada e impor limites, sim. A lei não oferece recurso contra o indeferimento; desse modo, caso o Ministério Público ache fundamental a ação controlada, pode ingressar com correição parcial.

Superior Tribunal de Justiça

- "6. A ação controlada realizada na investigação, tendo como alvo o ora recorrente, foi previamente comunicada ao juízo e ao Ministério Público, nos termos do art. 8.º, § 1.º, da Lei 12.850/2013, não necessitando de anterior autorização judicial para o seu aperfeiçoamento, pois a norma assim não dispôs, o que não obsta a possibilidade da fixação de limites pelo magistrado para a execução da medida, por ocasião da prévia comunicação" (RHC 84.366 – RJ, 6.ª T., Rel. Maria Thereza de Assis Moura, 23.08.2018, v.u.).

Tribunal de Justiça de Minas Gerais

- "A realização de diligências a título de 'ação controlada' (art. 8.º, § 1.º, da Lei 12.850/2013) independe de prévia autorização judicial, condicionando-se, apenas, à comunicação pela autoridade policial ao juízo competente, motivo pelo qual a decisão que já autoriza, de plano, a realização das aludidas diligências não acarreta qualquer vício capaz de inquinar o procedimento" (HC 1.0000.17.078253-6/000 – MG, 6ª Câmara Criminal, Rel. Rubens Gabriel Soares, 27.02.2018).

Preceitua o art. 8.º, § 2.º, da Lei 12.850/2013 que "a comunicação será sigilosamente distribuída de forma a não conter informações que possam indicar a operação a ser efetuada". Na realidade, o inquérito é o primeiro procedimento a ser distribuído ao juiz competente; na sequência, vem a comunicação de ação controlada, que não mais precisa de distribuição, visto haver juiz certo. Mais adequado seria ter mencionado que a comunicação será *encaminhada* – e não distribuída – ao magistrado.

O importante é enviar a referida comunicação em envelope lacrado, sem que chegue ao conhecimento de qualquer serventuário da justiça ou da polícia. Da mesma forma, ocorrerá a devolução à autoridade policial.

Para assegurar o sigilo, "até o encerramento da diligência, o acesso aos autos será restrito ao juiz, ao Ministério Público e ao delegado de polícia, como forma de garantir o êxito das investigações" (art. 8.º, § 3.º, da Lei 12.850/2013).

Há certas diligências que precisam ser viabilizadas pelos agentes policiais ou serventuários da justiça, como elaboração de ofícios, realização de buscas ou apreensões etc. Portanto, quem tomar conhecimento dos autos tem o dever funcional de manter absoluto sigilo, sob pena de responder por crime (art. 325 do CP).

A finalização da ação controlada deve levar a resultados, na maior parte das vezes, positivos. De todo modo, houve um retardamento na conduta policial normal, implicando a elaboração de auto circunstanciado, vale dizer, com descrição minuciosa do ocorrido (art. 8.º § 4.º, da Lei 12.850/2013).

Por respeito à soberania de outros países, estabelece o art. 9.º da Lei 12.850/2013 o seguinte: "se a ação controlada envolver transposição de fronteiras, o retardamento da intervenção policial ou administrativa somente poderá ocorrer com a cooperação das autoridades dos países que figurem como provável itinerário ou destino do investigado, de modo a reduzir os riscos de fuga e extravio do produto, objeto, instrumento ou proveito do crime".

4. Crime impossível

Preceitua o art. 17 do Código Penal constituir crime impossível "quando, por ineficácia absoluta do meio ou por absoluta impropriedade do objeto, é impossível consumar-se o crime".

Por conta desse dispositivo, editou-se a Súmula 145 do STF nos seguintes termos: "não há crime, quando a preparação do flagrante pela polícia torna impossível a sua consumação".

Busca-se evitar que a atividade policial possa conduzir-se no sentido de *armar* um cenário favorável ao cometimento de um delito, chamando a atenção de alguém para que o pratique; entretanto, ao mesmo tempo, monta-se uma operação programada para não permitir que a infração se consume. Ora, se o meio no qual está inserido o agente é totalmente ineficaz, porque observado o tempo todo pela polícia, além de ser o objeto completamente impróprio para a finalidade almejada, igualmente porque coberto pela ação policial, por mais que se faça é inviável atingir a consumação. O bem jurídico não corre nenhum risco de se perder, logo, conforme preceitua o art. 17 do Código Penal, não se pune a tentativa. Ilustrando, imagine-se um quadro armado pela polícia para prender um ladrão de relógios de pulso em determinada via pública, onde existam agentes espalhados por todos os lados; um policial, passando-se por vítima, caminha por ali com um relógio bem exposto, atraindo um furtador qualquer; quando este se aproxima e puxa o relógio é cercado imediatamente por todos os agentes e preso. Cuida-se de crime impossível de se consumar, o que se denomina de tentativa impossível ou inidônea. Por tal motivo, quando a polícia prepara o flagrante, não há crime, a teor da Súmula 145 do STF supracitada.

Não se deve confundir o flagrante preparado, conforme expusemos, com o flagrante esperado, passível de configurar a tentativa, justificando a realização da prisão em flagrante. Exemplificando, a polícia recebe uma *denúncia anônima* dando conta da realização próxima de um crime em certo local, como um roubo, por exemplo; agentes policiais cercam a região e tentam identificar o exato local, como será a execução e quem a praticará, mas não tem o pleno controle da situação, significando que podem falhar quanto à prisão do agente. Não se trata de crime *impossível*, pois é viável a sua realização, razão pela qual cabe a prisão em flagrante e é punível a tentativa. Conforme o caso, pode-se até mesmo surpreender o agente quando já consumou o delito.

É neste último cenário que se insere a ação controlada, funcionando com um retardamento da intervenção policial para a realização da prisão em flagrante, *esperando* obter mais dados e identificar um maior número de agentes para, então, atuar. Cuida-se de hipótese legal de atividade policial, conforme previsão expressa do art. 8.º da Lei 12.850/2013.

Superior Tribunal de Justiça

• "O pedido colocado pelos defensores não merece guarida. O caso em tela traz o que a doutrina processualista classificou como 'flagrante esperado', que não carrega em si a ilegalidade de um flagrante preparado (caso em que se albergaria a Súmula 145, do Supremo Tribunal Federal), mas, sob determinadas circunstâncias, importa em condição válida de prisão em flagrante. [...] Nada obstante, as ações autorizadas judicialmente ao GAECO para realizar investigação envolveram a chamada ação controlada, no contexto da Lei 12.850/2013, para coibir a ação de organizações criminosas, de forma que a investigação se desenvolveu para coleta de elementos informativos relacionados à suspeita inicial do órgão de investigação, sem que J. C. Z. tenha atuado diretamente para instigar os investigados (e-STJ, fls. 355; grifou-se)" (RHC 110017 – PR, Rel. Ribeiro Dantas, 16.12.2019, decisão monocrática).

V

INFILTRAÇÃO DE AGENTES

1. Conceito

A *infiltração* representa uma penetração, em algum lugar ou coisa, de maneira lenta, pouco a pouco, correndo pelos seus meandros. Tal como a infiltração de água, que segue seu caminho pelas pequenas rachaduras de uma laje ou parede, sem ser percebida, o objetivo desse meio de captação de prova tem idêntico perfil.[1]

O instituto da *infiltração de agentes* destina-se justamente a garantir que agentes de polícia, em tarefas de investigação, possam ingressar legalmente, no âmbito da organização criminosa, como *integrantes*, mantendo

---

1. Há vozes minoritárias acoimando de inconstitucional o mecanismo da infiltração de agentes. O móvel é exatamente o mesmo que procura descontruir a delação premiada. Não há nada de antiético na batalha do Estado contra o crime organizado, nem aceitando delações premiaras, tampouco permitindo o agente infiltrado. A moral aponta para o cumprimento das leis; quem é infrator ingressa no universo da imoralidade e da falta de ética, não podendo reclamar que o Estado se valha de instrumento similares para promover a punição de delinquentes.

identidades falsas, acompanhando as suas atividades e conhecendo sua estrutura, divisão de tarefas e hierarquia interna. Nessa atividade, o agente infiltrado pode valer-se da *ação controlada* – descrita no capítulo anterior – para mais adequadamente desenvolver seus objetivos.

A natureza jurídica da infiltração de agentes é um meio de prova misto, envolvendo a busca e a testemunha, visto que o agente infiltrado *busca* provas enquanto conhece a estrutura e as atividades da organização e será ouvido, futuramente, como testemunha.

2. Requisitos

São requisitos para a infiltração de agentes (art. 10 da Lei 12.850/2013):

a) *ser agente policial*: a anterior Lei 9.034/1995 permitia também a atuação de agentes de inteligência, advindos de órgãos diversos da polícia. Tal situação não é mais admitida; somente agentes policiais, federais ou estaduais podem infiltrar-se em organizações criminosas. Nesse sentido, Marllon Sousa afirma que o agente infiltrado somente pode ser o "servidor público, concursado, diretamente ligado aos órgãos de investigação policial (Polícia Civil e Federal), pertencente aos quadros da carreira de agente de investigação";[2]

b) *estar em tarefa de investigação*: demonstra a necessidade de não se elaborar investigação informal, especialmente infiltrada. É fundamental a instauração de inquérito, em caráter sigiloso, para que se faça a infiltração. Para o início das atividades, não há qualquer atuação do juiz; cabe ao delegado representar pela infiltração, já oferecendo a sua avaliação técnica acerca da diligência, isto é, o alcance, a viabilidade concreta, o nível do pessoal apto a empreendê-la, dentre outros fatores relevantes. Feita a representação da autoridade policial, ouve-se o Ministério Público (art. 10, § 1.º, da Lei 12.850/2013). É viável que o *Parquet* faça o requerimento, após a manifestação técnica do delegado – como exposta em linhas acima –, ou elabore o seu requerimento, para, na sequência, colher a manifestação técnica referida. O importante é que o pleito de infiltração chegue às mãos do juiz devidamente instruído;

---

2. *Crime organizado e infiltração policial*, p. 44.

c) *autorização judicial motivada*: cabe ao juiz, que acompanha o desenvolvimento da investigação criminal, *autorizar* a infiltração de agentes em organização criminosa. Poder-se-ia argumentar não ser ideal a participação ativa do magistrado nessa fase da investigação criminal, porque ele poderia comprometer a sua isenção.[3] Mesmo que se mantenha a atuação da organização judiciária, essa alegação, em nosso entendimento, não é integralmente correta: a) o juiz que acompanha qualquer inquérito, no Brasil, em várias Comarcas, não é o mesmo a julgar o feito (ex.: em São Paulo, há o Departamento de Inquéritos Policiais para essa função de fiscalizar o andamento da investigação e deferir medidas pertinentes a ela); b) nas Comarcas menores, onde o juiz exerce todas as funções, tem-se contado com a sua imparcialidade, tanto para decretar uma quebra de sigilo, autorizar uma intercepção telefônica ou deferir uma prisão temporária durante o inquérito, para, depois, receber eventual denúncia e julgar o caso. A autorização judicial deve ser *fundamentada* (conter todos os argumentos fáticos e jurídicos que indiquem a necessidade da diligência), *circunstanciada* (trata-se apenas da motivação detalhada, constituindo, então, uma repetição) e *sigilosa* (proferida sem a publicidade geral, vale dizer, de conhecimento de qualquer pessoa);

d) *indícios de materialidade*: a infiltração de agentes somente pode dar-se caso se comprove ao magistrado, para obter a autorização necessária, a prova *mínima* de existência do crime de organização criminosa (art. 10, § 2.º, primeira parte); ou, se demonstrada esta, indícios de crimes por ela praticados. Não é indispensável *certeza* da materialidade, mas *indícios*, que significam fatos comprovados a levar, indiretamente, ao delito principal. Certamente, por se tratar de uma organização, os indícios de infração penal, referidos pelo art. 10, § 2.º, da Lei 12.850/2013, representam igualmente a fundada suspeita em relação à autoria, pois seria ilógico supor prova da existência da organização sem o conhecimento de qualquer de seus integrantes;

---

3. A Lei 13.964/2019 criou a figura do juiz das garantias (arts. 3.º-A a 3.º-F do CPP), que cuidaria exclusivamente da fiscalização da investigação criminal e apreciaria todas as medidas pertinentes a essa fase. Esse magistrado não julgaria o processo-crime posteriormente. Por liminar do STF, está suspensa essa figura até a apreciação do Plenário, desde que a nova lei entrou em vigor (janeiro de 2020).

e) *subsidiariedade da infiltração policial*: nos mesmos moldes sustentados para a interceptação telefônica, que é invasiva à intimidade alheia, a infiltração não deve ser a primeira medida de investigação policial. O meio de prova se caracteriza como a *ultima ratio* (a derradeira hipótese), quando não mais existirem meios idôneos para captar todo o cenário da organização criminosa (art. 10, § 2.º, segunda parte, da Lei 12.850/2013);

f) *prazo de seis meses*: o período inicial máximo – podendo ser deferido por menor tempo – é de seis meses (art. 10, § 3.º, da Lei 12.850/2013). Cabe prorrogação por outros períodos de até seis meses cada um, sem haver um limite, que, no entanto, deve ficar ao prudente critério judicial, pois seria inadmissível uma infiltração de caráter permanente e indefinido. Por outro lado, demanda-se *comprovada* necessidade para a prorrogação, esperando-se do juiz uma avaliação minuciosa sobre cada pedido nesse sentido. Nessa ótica, Alexandre Rorato Maciel indica que "não há um limite legal para as prorrogações, porém não se pode aceitar uma infiltração de caráter permanente ou indefinido".[4] Observe-se que o meio-termo é o caminho indicado. Se não é cabível fixar em seis meses o prazo, também não se pode permitir um período indefinido. Cada caso é um caso e assim deve ser avaliado pelo juiz;

g) *relatório circunstanciado*: a cada final de período aprovado pelo juiz, deve a autoridade policial, responsável pelos agentes infiltrados, elaborar relatório *minucioso*, contendo todos os detalhes da diligência até então empreendida (art. 10, § 4.º, da Lei 12.850/2013). O relato é fundamental para o magistrado ter subsídio para, eventualmente, prorrogar o pedido de infiltração, mas também para tomar conhecimento do andamento da atividade, pois constrangedora a direitos individuais. O relatório será imediatamente conhecido pelo Ministério Público, que deve se manifestar antes da autorização inicial ou de cada prorrogação. O relatório parcial, denominado *relatório de atividade*, pode ser determinado pela autoridade policial diretamente ao agente infiltrado, mesmo antes do prazo, assim como requisitado pelo Ministério Público para acompanhamento do caso (art. 10, § 5.º, da Lei 12.850/2013);

---

4. *Crime organizado*, p. 139.

h) *momento para a infiltração*: como regra, durante o curso do inquérito policial, por sugestão do delegado ou do Ministério Público, autorizada pelo juiz. Se o membro do *Parquet* requerer, deve-se colher a manifestação técnica do delegado, pois será implementada por agentes policiais.

3. Crime impossível

Sobre o crime impossível no cenário da infiltração de agentes, conferir o item 4 do Capítulo IV (ação controlada).

A atuação do agente infiltrado, como regra, não é de induzir ou instigar algum integrante da organização criminosa a cometer crime, mas de participar dos delitos realizados pelo grupo no qual está inserido, justamente para colher provas. Não se trata, portanto, de preparar um flagrante. Esse é o procedimento padrão.

Naturalmente, se o agente infiltrado fugir à sua esperada atuação, induzindo terceiro à prática de uma infração penal, pode macular e viciar a prova, nulificando-a.

Supremo Tribunal Federal

- "Infiltração de agente policial e distinção com agente de inteligência. 3. Provas colhidas por agente inicialmente designado para tarefas de inteligência e prevenção genérica. Contudo, no curso da referida atribuição, houve atuação de investigação concreta e infiltração de agente em grupo determinado, por meio de atos disfarçados para obtenção da confiança dos investigados. 4. Caraterização de agente infiltrado, que pressupõe prévia autorização judicial, conforme o art. 10 da Lei 12.850/2013. 5. Prejuízo demonstrado pela utilização das declarações do agente infiltrado na sentença condenatória. 6. Viabilidade da cognição em sede de *habeas corpus*. 7. Ordem parcialmente concedida para declarar a ilicitude dos atos da infiltração e dos depoimentos prestados. Nulidade da sentença condenatória e desentranhamento de eventuais provas contaminadas por derivação" (HC 147.837, 2.ª T., Rel. Gilmar Mendes, 26.02.2019, v.u.).

Superior Tribunal de Justiça

- "1. Embora conste do inaugural relatório de investigação que a equipe de policiais infiltrou-se em uma 'quadrilha de cambistas', no arcabouço acostado anteriormente ao relato não se extrai qualquer menção sobre a utilização dessa técnica de investigação, ou mesmo restou pontuada nos demais relatórios juntados ao inquérito policial, nem consta da denúncia. 2. Inexiste nos autos a declinação do nome do agente policial infiltrado, ou mesmo se seria um ou mais, nem que ele teria forjado a condição de integrante da organização, ao ser introduzido no seu âmago dissimuladamente, agindo como se fosse um de seus componentes, primando por uma relação direta e pessoal com os demais, nem que sua inserção seria de modo estável e não eventual. 3. Apura-se a ocorrência de equívoco no vocábulo empregado pelo agente policial, pois foram realizados apenas atos policiais ordinários de investigação e não a técnica específica prevista nos arts. 10 e seguintes da Lei 12.850/2013. 4. Ao receber a denúncia, após a apresentação da resposta à acusação, embora o magistrado enaltecesse a dispensabilidade da autorização para a infiltração, com espeque na vetusta Lei 9.034/1995, olvidou-se que os fatos eram regidos pela Lei 12.850/2013 e que, na espécie, inexistiu o citado procedimento investigatório. 5. Embora seja incontroversa a indispensabilidade de prévia autorização judicial para a implementação da medida de infiltração, nos termos da Lei das Organizações Criminosas de 2013, ausente o emprego dessa técnica de investigação, incabível o reconhecimento de pecha no feito. 6. A ação controlada realizada na investigação, tendo como alvo o ora recorrente, foi previamente comunicada ao juízo e ao Ministério Público, nos termos do art. 8.º, § 1.º, da Lei 12.850/2013, não necessitando de anterior autorização judicial para o seu aperfeiçoamento, pois a norma assim não dispôs, o que não obsta a possibilidade da fixação de limites pelo magistrado para a execução da medida, por ocasião da prévia comunicação. 7. Recurso desprovido" (RHC 84366 – RJ, 6.ª T., rel. Maria Thereza de Assis Moura, 23.08.2018, v.u.).

- "[...] De todo modo, verifico que, muito embora a autorização judicial se refira à ação controlada e infiltração de agente, que, por si só, são medidas incompatíveis, nenhuma das modalidades investigativas foi realizada adequadamente. Isso porque a atuação do policial praticamente se limitou à aquisição reiterada de drogas com diversas pessoas (a maioria das quais não mencionadas na representação policial), conduta interventiva a que não estava autorizado pela ação controlada, e tampouco pela infiltração. Cumpre assinalar que, mesmo na modalidade investigatória do agente infiltrado, não está inclusa a provocação ao alvo que se intenta incriminar para que pratique delitos, pois, se assim ocorrer, a infiltração será inidônea, acarretando a atipicidade da conduta. Com efeito, essa hipótese é paralela ao instituto do flagrante preparado, na qual a provocação e posterior atuação do policial torna impossível a concretização da conduta (art. 17 do Código Penal e Súmula 145 do Supremo Tribunal Federal). Diferentemente das ações do agente infiltrado, que se insere em uma organização/ associação e eventualmente pratica crimes para manter seu disfarce e para adquirir a confiança dos demais integrantes, o provocador desencadeia ele mesmo a conduta típica. É verdade que alguns procedimentos foram estritamente observados, como a imediata confecção dos autos de apreensão e dos relatórios de diligências a cada nova incursão realizada no Beco Osvaldo Aranha. Também em juízo, os agentes 'infiltrados' (principal e secundário) foram ouvidos, relatando as diligências e referindo-se a cada réu individualmente. Igualmente, nas sessões de audiência, a todos os réus foram mostradas as escutas audiovisuais em que supostamente apareciam, questionando-os a respeito da autenticidade das imagens. Os elementos colhidos pela investigação foram postos ao crivo do contraditório, sob essa perspectiva. Mas a própria investigação já estava maculada pelos vícios acima mencionados. Sob essa ótica, não resta outro caminho que não declarar inválida a prova, de ofício, especificamente no que diz respeito aos elementos colhidos em decorrência da autorização judicial para ação controlada e agente infiltrado, ou seja, todas as escutas ópticas e acústicas efetuadas, assim como as apreensões e relatórios de diligência. Afastando-se esses elementos, não remanescem provas suficientes à condenação dos réus. [...]" (REsp 1.609.928 – RS, Rel. Sebastião Reis Junior, 09.08.2017, decisão monocrática).

Tribunal do Rio Grande do Sul

- "Um flagrante preparado/provocado tem como causa um agente provocador, que atua geralmente sem prévia autorização judicial e induz alguém à prática criminosa (sendo que o sujeito induzido não tinha previamente tal propósito). Distinta, entretanto, a figura do agente encoberto, que é o caso dos autos. O policial, que se faz passar por usuário (ocultando sua real condição de agente da lei) e, no caso dos autos, mediante prévia autorização judicial, adquire entorpecente para produzir prova da materialidade e colher informações úteis ou imprescindíveis no consequente processo penal, não age de forma a induzir o tráfico de drogas (que preexiste, à venda, noutras modalidades típicas ter em depósito e guardar), evidenciando-se, no suporte fático, que a droga seria vendida para todo e qualquer usuário que, preenchendo as mesmas condições de tempo, lugar, hora e modo, solicitasse ou manifestasse interesse na transação. Preliminar rejeitada. [...]" (Apelação 70.075.017.152, 1.ª C. Crim., Rel. Jayme Weingartner Neto, 30.05.2018, v.u.).

Tribunal Regional Federal – 4.ª Região

- "6. Não se verificou qualquer nulidade na ação do agente infiltrado, tendo se limitado a Polícia Federal à colheita de provas e à apuração do *modus operandi* da quadrilha, em nada violando a legislação, tampouco induzindo ou preparando flagrante, pois sequer houve prisão ao fim da ação" (Apelação 5009065-85.2015.4.04.7104, 7.ª T., Rel. Salise Monteiro Sanchotene, 10.03.2020, v.u.).

4. Infiltração virtual

A Lei 13.964/2019 introduziu a possibilidade de haver a infiltração de agentes por meio da rede mundial de computadores, nos seguintes termos: "Art. 10-A. Será admitida a ação de agentes de polícia infiltrados virtuais, obedecidos os requisitos do *caput* do art. 10, na internet, com o fim de investigar os crimes previstos nesta Lei e a eles conexos, praticados por organizações criminosas, desde que demonstrada sua necessidade e indicados o alcance das tarefas dos policiais, os nomes ou apelidos das pessoas investigadas e, quando possível, os dados de conexão ou cadastrais que permitam a identificação dessas pessoas. § 1.º Para efeitos do disposto nesta Lei, consideram-se: I – dados de conexão: informações referentes a hora, data, início, término, duração, endereço de Protocolo de Internet (IP) utilizado e terminal de origem da conexão; II – dados cadastrais: informações referentes a nome e endereço de assinante ou de usuário registrado ou autenticado para a conexão a quem endereço de IP, identificação de usuário ou código de acesso tenha sido atribuído no momento da conexão. § 2.º Na hipótese de representação do delegado de polícia, o juiz competente, antes de decidir, ouvirá o Ministério Público. § 3.º Será admitida a infiltração se houver indícios de infração penal de que trata o art. 1.º desta Lei e se as provas não puderem ser produzidas por outros meios disponíveis. § 4.º A infiltração será autorizada pelo prazo de até 6 (seis) meses, sem prejuízo de eventuais renovações, mediante ordem judicial fundamentada e desde que o total não exceda a 720 (setecentos e vinte) dias e seja comprovada sua necessidade. § 5.º Findo o prazo previsto no § 4.º deste artigo, o relatório circunstanciado, juntamente com todos os atos eletrônicos praticados durante a operação, deverão ser registrados, gravados, armazenados e apresentados ao juiz competente, que imediatamente cientificará o Ministério Público. § 6.º No curso do inquérito policial, o delegado de polícia poderá determinar aos seus agentes, e o Ministério Público e o juiz competente poderão requisitar, a qualquer tempo, relatório da atividade de infiltração. § 7.º É nula a prova obtida sem a observância do disposto neste artigo".

Utilizando a internet, torna-se possível a infiltração de agentes policiais em *sites* e redes sociais para a captação da prova, no cenário do crime organizado.

O objetivo é a organização criminosa de qualquer natureza. Entretanto, a opção pela infiltração não deve ser a primeira prova a ser implementada, mas a que for imprescindível, depois de outras terem sido produzidas. Por isso, há de se demonstrar a sua *necessidade*, além de apontar o seu *alcance*, especificando quem serão os investigados, embora não seja preciso identificá-los com precisão. Sendo viável, logo no início, devem ser apontados os dados de conexão ou cadastrais das pessoas investigadas. É preciso ressaltar que existem várias organizações criminosas voltadas à prática de crimes sexuais no cenário da pedofilia e do tráfico de pessoas.

Havendo representação do delegado (o que se espera, pois serão policiais os agentes utilizados para a tarefa), ouve-se o Ministério Público para que o juiz possa decidir. Entretanto, o contrário pode dar-se: em requerimento do MP, ouve-se a autoridade policial (art. 10, *caput*, da Lei 12.850/2013).

Constata-se uma repetição desnecessária no § 3.º do art. 10-A, mas se firma o propósito de somente se admitir a infiltração caso sejam comprovados os indícios suficientes da prática do crime de organização criminosa. Além disso, consolida-se o entendimento de que a infiltração é prova subsidiária, vale dizer, não deve ser a primeira proposta para a investigação. Só se usa a infiltração se não houver outro meio.

O prazo normal é de seis meses para a infiltração de agentes, porém, como toda norma similar, prevê-se a viabilidade de prorrogação, em caso de necessidade devidamente demonstrada. Em outras hipóteses de infiltração de policiais (art. 10, § 3.º, da Lei 12.850/2013), o prazo inicial é de até 6 meses, podendo ser renovado, quando indispensável, mas sem um limite. No § 4.º do art. 10-A, no entanto, fixou-se o teto de 720 dias, sem que se tenha uma explicação plausível para tanto. Pode-se argumentar que as pesquisas infiltradas, pela internet, podem ser mais ágeis e fáceis, motivo pelo qual não haveria substrato para a renovação ilimitada da operação. De todo modo, usando como exemplo o cenário da interceptação telefônica, tem-se observado a prorrogação dos prazos fixados em lei por tempos sucessivos e sem um limite preciso.

A previsão contida no § 5.º do art. 10-A é clara, estabelecendo a apresentação de relatório circunstanciado, juntamente com os atos eletrônicos executados durante a operação, tudo registrado, gravado e armazenado para oferecimento ao juiz, que cientificará o Ministério Público, após o decurso do prazo fixado para o desenvolvimento da infiltração. Nota-se a diferença existente quando comparada com o conteúdo do § 4.º do art. 10 da Lei 12.850/2013, porque na infiltração de agentes que se dá em nível pessoal e direto apresenta-se um relatório circunstanciado, sem necessidade de outras provas materiais. Porém, cuidando-se de material extraído da rede mundial de computadores, a facilidade de baixar e captar arquivos, fotos, extratos e outros documentos permite o armazenamento em discos rígidos e similares. Por isso, o relatório faz-se acompanhar do registro de tudo. Destina-se a amparar eventual pedido de prorrogação da infiltração.

Nada impede que, durante o inquérito policial, mesmo sem o esgotamento do prazo fixado para a diligência de infiltração, possa a autoridade policial determinar aos seus agentes o relatório da atividade em andamento. O Ministério Público e o juiz podem requisitar o referido relatório.

Estipula-se, no § 7.º do art. 10-A, a nulidade absoluta da prova captada por meio da infiltração de agentes, por meio virtual, sem a observância do disposto no mencionado art. 10-A. Afinal, cuida-se da invasão de privacidade, por meio da internet, merecendo especial cautela por parte das autoridades. No entanto, a posição atual do Supremo Tribunal Federal tem sido no sentido de que até mesmo a ocorrência de nulidade absoluta não provoca o efeito de refazimento obrigatório da prova ou do ato processual, sem que a parte demonstre a materialização de prejuízo.

Preceitua o art. 10-B da Lei 12.850/2013, com a redação dada pela Lei 13.964/2019, o seguinte: "as informações da operação de infiltração serão encaminhadas diretamente ao juiz responsável pela autorização da medida, que zelará por seu sigilo. Parágrafo único. Antes da conclusão da operação, o acesso aos autos será reservado ao juiz, ao Ministério Público e ao delegado de polícia responsável pela operação, com o objetivo de garantir o sigilo das investigações".

O objetivo da norma citada é assegurar o menor trânsito possível dos dados captados pela diligência da infiltração de agentes; por isso, seguem os informes diretamente ao juiz responsável pela autorização da medida. Atualmente, será o juiz das garantias, introduzido nos arts. 3.º-A a 3.º-F do Código de Processo Penal pela Lei 13.964/2019. Entretanto, encontra-se suspensa a sua eficácia por força de liminar do STF. De todo modo, sendo o juiz das garantias ou o magistrado que fiscaliza o andamento do inquérito, cabe-lhe zelar pelo sigilo de todo material recebido.

Não é demais salientar que, além do juiz, o MP e o delegado terão acesso aos autos da investigação realizada por meio de infiltração. Além deles, os policiais infiltrados também têm conhecimento. Conhecendo a imensa capacidade de vazamento desse tipo de investigação sigilosa, espera-se que, havendo a indevida divulgação, tome-se providência para apurar a fonte a fim de se atingir a responsabilização criminal. Não tem sido conduta frequente a instauração de investigação para apurar os vazamentos de operações marcadas pelo sigilo legal ou judicialmente decretado, algo que precisa ser alterado para conferir maior eficácia ao texto da lei.

O art. 10-C da Lei 12.850/2013, incluído pela Lei 13.964/2019, fixa que "não comete crime o policial que oculta a sua identidade para, por meio da internet, colher indícios de autoria e materialidade dos crimes previstos no art. 1.º desta Lei. Parágrafo único. O agente policial infiltrado que deixar de observar a estrita finalidade da investigação responderá pelos excessos praticados".

Havendo falsidade concretizada pelo agente infiltrado, embora possa configurar fato típico, não é antijurídico, em face do que consta expressamente nesse artigo. No entanto, mesmo que não houvesse a previsão formulada pelo *caput* do art. 10-C, o fato seria lícito, visto que autorizado em lei, como se pode constatar pela simples leitura do *caput* do art. 10-A.

Por outro lado, se o policial infiltrado deixar de seguir as regras da finalidade da investigação, poderá responder pelos excessos cometidos, que se desdobram em nível doloso ou culposo. Eventualmente, pode-se tratar de excessos não puníveis, como o exculpante e o acidental.

No cenário da invasão de computadores alheios, mesmo quando se refere a uma organização criminosa, é possível que o agente policial capte algum material de seu particular interesse, fugindo ao objetivo da infiltração. Poderá responder pela figura criminosa gerada, como, por exemplo, a previsão feita pelo art. 241-B do Estatuto da Criança e do Adolescente ("Adquirir, possuir ou armazenar, por qualquer meio, fotografia, vídeo ou outra forma de registro que contenha cena de sexo explícito ou pornográfica envolvendo criança ou adolescente").

Estabelece o art. 10-D da Lei 12.850/2013, com a reforma inserida pela Lei 13.964/2019, o seguinte: "concluída a investigação, todos os atos eletrônicos praticados durante a operação deverão ser registrados, gravados, armazenados e encaminhados ao juiz e ao Ministério Público, juntamente com relatório circunstanciado. Parágrafo único. Os atos eletrônicos registrados citados no caput deste artigo serão reunidos em autos apartados e apensados ao processo criminal juntamente com o inquérito policial, assegurando-se a preservação da identidade do agente policial infiltrado e a intimidade dos envolvidos".

Reitera-se, na conclusão da investigação, a remessa de todo o material colhido, contendo dados registrados, gravados e armazenados, ao juiz e ao Ministério Público, fazendo-se acompanhar do relatório minucioso. No parágrafo único do art. 10-D, aponta-se para o incidente de infiltração de agentes. Deve-se destacar em autos apartados todas as atividades investigatórias mantidas, incluindo as decisões judiciais e todas as manifestações do MP e do delegado.

Nesse apêndice, serão reunidos todos os atos eletrônicos realizados, juntamente com o inquérito policial. Deve-se preservar a identidade do agente policial infiltrado e a intimidade dos envolvidos, evitando-se, por óbvio, os vazamentos de informes sigilosos.

Tribunal Regional Federal – 4.ª Região

- "[...] 7. Não se verifica a ocorrência do flagrante preparado e tampouco ilicitude da prova, porquanto a atuação do agente da Polícia Federal como infiltrado no programa Gigatribe foi autorizado judicialmente e atendeu todas as recomendações e limites de investigação no sentido de apenas obter registros sobre usuários do aplicativo que compartilhavam entre si, material de pedofilia-pornográfica no ambiente virtual. 8. No caso, os crimes já estavam sendo cometidos e o aguardo e a espera do fornecimento da senha, apenas foi para confirmar a atuação delitiva. E assim que tal foi realizado, permitiu-se com maior clareza e certeza flagrar que o usuário J. M. compartilhava material nefasto envolvendo crianças e adolescentes pelo aplicativo Gigatribe. Trata-se, pois de flagrante esperado, já que a polícia tinha notícias de que infrações penais estavam sendo cometidas por inúmeros agentes pela aludida rede social fechada e aguardava o momento da consumação das condutas para de executar as devidas medidas constritivas penais" (Apelação 5068165-51.2013.4.04.7100, 7.ª T., Rel. Salise Monteiro Sanchotene, 20.11.2018, v.u.).

5. Procedimento

Nos termos do art. 11 da Lei 12.850/2013, "o requerimento do Ministério Público ou a representação do delegado de polícia para a infiltração de agentes conterão a demonstração da necessidade da medida, o alcance das tarefas dos agentes e, quando possível, os nomes ou apelidos das pessoas investigadas e o local da infiltração".

São, basicamente, quatro elementos a constar da representação do delegado ou do requerimento do Ministério Público:

a) *demonstração de indícios de materialidade* (art. 10, § 2.º, da Lei 12.850/2013): como já mencionamos no item anterior, é fundamental haver prova mínima do crime de organização criminosa;

b) *necessidade da medida*: deve envolver a indispensabilidade da diligência oculta e seu caráter subsidiário (art. 10, § 2.º, segunda parte, da

Lei 12.850/2013). Não há de ser a primeira medida investigatória tomada pela polícia, mas um nítido complemento a outras diligências já efetivas, aptas, inclusive, a evidenciar a materialidade;

c) *alcance das tarefas*: é o ponto indicativo ao juiz quanto ao grau de intromissão na intimidade alheia, quando se investiga infiltrado. Com base nessa exposição, o magistrado poderá – ou não – estabelecer os limites da diligência, nos termos preceituados pelo art. 10, *caput*, parte final, da Lei 12.850/2013;

d) *nomes ou apelidos dos investigados*: cuida-se de informe necessário apenas quando a autoridade policial ou o Ministério Público tiver conhecimento dos integrantes da organização – ao menos alguns. Confere-se maior consistência ao pedido e garante-se visibilidade ao quesito referente à materialidade do crime de organização;

e) *local da infiltração*: nos mesmos termos do subitem anterior (nomes), é preciso indicar, quando conhecido, o local da infração, vale dizer, onde funciona ou atua a organização criminosa. Embora não seja indispensável, pois a lei menciona "quando possível", deve-se verificar a sua ligação natural com a materialidade do delito. Dificilmente se poderá indicar ao juiz indícios de existência do delito se não for capaz nem mesmo de apontar a localidade.

Em face da aprovação da infiltração virtual, incluiu-se o parágrafo único ao art. 11, nos seguintes termos: "os órgãos de registro e cadastro público poderão incluir nos bancos de dados próprios, mediante procedimento sigiloso e requisição da autoridade judicial, as informações necessárias à efetividade da identidade fictícia criada, nos casos de infiltração de agentes na internet".

Possibilita-se incluir nesses órgãos os dados da identidade fictícia criada pelos policiais na sua infiltração, com a finalidade de conferir credibilidade aos agentes; afinal, cuidando-se de participação em organização criminosa pela rede mundial de computadores, torna-se muito mais fácil, por meio de *hackers*, a verificação da identidade da pessoa nos *sites* apropriados.

Por isso, torna-se essencial garantir que a "consulta" feita pela organização possa resultar favorável ao agente infiltrado, sob pena de ele ser excluído do grupo, no qual pretende se infiltrar, e ainda sofrer represália.

Impõe-se a requisição pelo juiz, evitando-se a banalização de alteração de dados em sistemas de informação oficiais, além de se demandar sigilo.

Como regra, o inquérito está instaurado e o pleito de infiltração deve realizar-se em apenso próprio, com sigilo imposto por lei (art. 12 da Lei 12.850/2013). Portanto, ao mencionar a *distribuição* – uma providência de cunho administrativo –, quer-se dizer a autuação, numeração e registro. Deve ser feito de modo a ocultar o seu conteúdo das vistas de servidores não qualificados a tanto. O agente infiltrado, na realidade, deve ficar sempre oculto e protegido. Por outro lado, a determinação legal para a *distribuição* significa a não aceitação de infiltração informal, sem a identificação estatal do procedimento.

Dispõe o art. 12, § 1.º, da Lei 12.850/2013 que "as informações quanto à necessidade da operação de infiltração serão dirigidas diretamente ao juiz competente, que decidirá no prazo de 24 (vinte e quatro) horas, após manifestação do Ministério Público na hipótese de representação do delegado de polícia, devendo-se adotar as medidas necessárias para o êxito das investigações e a segurança do agente infiltrado".

Autorizando a diligência, não cabe ao juiz adotar as medidas necessárias para o êxito das investigações e a segurança do agente infiltrado. Tais providências competem à própria polícia.

Análise cuidadosa merece o art. 12, § 2.º, da Lei 12.850/2013: "os autos contendo as informações da operação de infiltração acompanharão a denúncia do Ministério Público, quando serão disponibilizados à defesa, assegurando-se a preservação da identidade do agente". Como já foi mencionado antes, distribui-se o pleito de infiltração de agentes em apenso ao inquérito, cuja finalidade é investigar a organização criminosa. Esse apenso é resguardado, legalmente, pelo sigilo.

Ocorre que, havendo denúncia, apontando como membros de uma organização criminosa determinadas pessoas, estas passam a ter direito à ampla defesa e ao contraditório. O § 2.º citado acima estipula que os autos da infiltração serão *disponibilizados* à defesa, vale dizer, o defensor do(s) acusado(s) terá acesso às diligências efetivas. Porém, surge um problema: "assegurando-se a preservação da identidade do agente". Ora, como esse agente poderá depor como testemunha, no futuro, se ficar incógnito? Não se pode admitir uma "testemunha sem rosto". Ela não pode ser contraditada, nem perguntada sobre muitos pontos relevantes, visto não se saber quem é. Além disso, todos os relatórios feitos por esse agente camuflado – e nunca revelado – não podem ser contestados, tornando-se provas irrefutáveis, o que se configura num absurdo para o campo da ampla defesa.

A única solução viável para que todo o material produzido por esse agente se torne válido é a sua identificação à defesa do acusado, possibilitando o uso dos recursos cabíveis. É responsabilidade do Estado garantir a segurança de seus servidores policiais, não se podendo prejudicar o direito constitucional à ampla defesa por conta disso.

O agente pode e dever ficar oculto do público em geral e do acesso da imprensa, mas jamais do réu e seu defensor.

Sob outro prisma, "havendo indícios seguros de que o agente infiltrado sofre risco iminente, a operação será sustada mediante requisição do Ministério Público ou pelo delegado de polícia, dando-se imediata ciência ao Ministério Público e à autoridade judicial" (art. 12, § 3.º, da Lei 12.850/2013).

Tribunal de Justiça do Rio Grande do Sul

- "[...] Na hipótese concreta, a pretensão do corrigente era conferir a licitude das provas obtidas por agente infiltrado, quando pairam dúvidas sobre a real identidade deste e legalidade na sua atuação. Entretanto, verifica-se que a decisão que indeferiu o pedido de identificação dos policiais atuantes como infiltrados na Operação Contraveneno, encontra-se correta e devidamente fundamentada a teor do disposto nos arts. 12, § 2.º, e 14, inciso III, da Lei 12.850/2013, que define organização criminosa e dispõe sobre a investigação criminal, os meios de obtenção da prova, infrações penais correlatas e o procedimento criminal" (Correição parcial 70078571296, 1.ª C. Crim., Rel. Manuel José Martinez Lucas, 05.09.2018, m.v.).

6. Aspectos criminais da atuação do agente infiltrado

A infiltração de agentes policiais no crime organizado permite, por razões óbvias, que o referido infiltrado participe ou até mesmo pratique algumas infrações penais, seja para mostrar lealdade e confiança nos líderes, seja para acompanhar os demais.

Constrói-se, então, a excludente capaz de imunizar o agente infiltrado pelo cometimento de algum delito: inexigibilidade de conduta diversa (art. 13, parágrafo único, da Lei 12.850/2013).

Trata-se de excludente de culpabilidade, demonstrando não haver censura ou reprovação social ao autor do injusto penal (fato típico e antijurídico), porque se compreende estar ele envolvido por circunstâncias especiais e raras, evidenciando não lhe ter sido possível adotar conduta diversa.

O Código Penal nem mesmo prevê essa excludente de culpabilidade de modo expresso, mas somente duas de suas espécies, que são a coação moral irresistível e a obediência hierárquica (art. 22 do CP). A inexigibilidade de conduta diversa sempre foi acolhida como excludente supralegal da culpabilidade, passando, hoje, à mais expressa legalidade.

Estabelece-se, entretanto, um requisito/limite para a avaliação da (in)exigibilidade de outra conduta do agente: proporcionalidade entre a conduta do agente e a finalidade da investigação (art. 13, *caput*, da Lei 12.850/2013).

Ilustrando, o agente se infiltra em organização criminosa voltada a delitos financeiros; não há cabimento em matar alguém somente para provar lealdade a um líder. Por outro lado, é perfeitamente admissível que o agente promova uma falsificação documental para auxiliar o grupo a incrementar um delito financeiro.

No primeiro caso, o agente responderá por homicídio e não poderá valer-se da excludente, visto a desproporcionalidade existente entre sua conduta e a finalidade da investigação. No segundo, poderá invocar a inexigibilidade de conduta diversa, pois era a única atitude viável diante das circunstâncias.

Tribunal de Justiça do Rio Grande do Sul

- "O art. 53, inciso I, da Lei 11.343/2006, autoriza a infiltração policial em tarefas de investigação em qualquer fase da persecução penal dos delitos da Lei de Drogas. Por sua vez, segundo o art. 13, parágrafo único, da Lei 12.850/2013, não é punível, no âmbito da infiltração, a prática de crime pelo agente infiltrado no curso da investigação, quando inexigível conduta diversa. No caso concreto, a compra de entorpecentes pelo agente infiltrado foi realizada com a finalidade de comprovar a prática de atos de comercialização por parte dos investigados. Tem-se que, efetivamente, a aquisição de entorpecentes é forma hábil e lícita a comprovar a traficância. Conquanto pudesse já haver prova dos delitos imputados na inicial contra um ou outro réu, o procedimento mostrou-se idôneo à obtenção de outros elementos. Não é, portanto, o agente infiltrado culpável por suas condutas. É, sim, caso em que não lhe era exigível conduta distinta da que praticou, levando em consideração o delito que se buscava materializar. Laudo preliminar de constatação de substância ilícita" (Apelação 70078427267, 2.ª C. Crim., Rel. Joni Victoria Simões, 12.09.2019, v.u.).

- "1. A Lei 12.850/2013, ao regular o procedimento de infiltração policial, não contempla a possibilidade de autorização judicial para prática de atos típicos, por parte dos agentes infiltrados, o que tampouco pode ser inferido das disposições constantes de seu art. 13, parágrafo único, que se limita a dispor acerca de causa excludente de culpabilidade a incidir em favor do agente público. Diferenciação entre o procedimento de infiltração de agente em atividade de investigação e a aquisição de narcóticos, traduzindo-se aquele no ingresso em dado ambiente ou estrutura, participação de alguma atividade ou execução de tarefa, a se amoldar a um todo maior, ao passo que este se limita à indução do investigado à prática de ato ilícito. Decisão judicial que não poderia ter autorizado, *ex ante*, a prática de ato típico aquisição de drogas, pelo que a atuação policial, ainda que observando seus limites, afigura-se irregular, a contaminar toda a prova obtida por meio de si" (Apelação 70082233321, 3.ª C. Crim., Rel. Sérgio Miguel Achutti Blattes, 07.11.2019, v.u.).

7. Direitos do agente

Estabelece o art. 14 da Lei 12.850/2013 serem direitos do agente os seguintes:

a) *recusar ou fazer cessar a atuação infiltrada* (art. 14, I): não aceitar a atividade de agente infiltrado é natural, pois o trabalho precisa ser feito por quem realmente está apto e deseja enfrentar o risco. Entretanto, inserir em lei a possibilidade de recusa favorece o agente policial, que não pode ser compelido a isso, sob pena de violação funcional. Quanto a cessar a atuação infiltrada, não pode ser um direito absoluto e infundado, pois pode comprometer toda uma operação, colocando em risco outros agentes e fazer o Estado perder muito em todos os sentidos. Diante disso, a cessação deve ligar-se a motivos imperiosos, comprometedores da segurança do agente, de sua família ou algum problema inédito, que não mais lhe dê condições de permanência. Em suma, seus motivos serão averiguados no âmbito administrativo;

b) *ter a sua identidade alterada e usufruir as medidas de proteção a testemunhas* (art. 14, II): essa alteração de identidade e as medidas de proteção devem respeitar o caráter excepcional, como está preceituado no *caput* do art. 9.º da Lei 9.807/1999, *in verbis*: "Em casos excepcionais e considerando as características e gravidade da coação ou ameaça, poderá o conselho deliberativo encaminhar requerimento da pessoa protegida ao juiz competente para registros públicos objetivando a alteração de nome completo. § 1.º A alteração de nome completo poderá estender-se às pessoas mencionadas no § 1.º do art. 2.º desta Lei, inclusive aos filhos menores, e será precedida das providências necessárias ao resguardo de direitos de terceiros. § 2.º O requerimento será sempre fundamentado e o juiz ouvirá previamente o Ministério Público, determinando, em seguida, que o procedimento tenha rito sumaríssimo e corra em segredo de justiça. § 3.º Concedida a alteração pretendida, o juiz determinará na sentença, observando o sigilo indispensável à proteção do interessado: I – a averbação no registro original de nascimento da menção de que houve alteração de nome completo em conformidade com o estabelecido nesta Lei, com expressa referência à sentença autorizatória e ao juiz que a exarou e sem a aposição do nome alterado; II – a determinação aos órgãos competentes para o fornecimento dos documentos decorrentes da alteração; III – a remessa da sentença ao órgão nacional competente para o registro único de identificação civil, cujo procedimento obedecerá às necessárias restrições de sigilo. § 4.º O conselho deliberativo, resguardado o sigilo das informações, manterá controle sobre a localização do protegido cujo nome tenha sido alterado. § 5.º Cessada a coação ou ameaça que deu causa à alteração, ficará facultado ao protegido solicitar ao juiz competente o retorno à situação anterior, com a alteração para o nome original, em petição que será encaminhada pelo conselho deliberativo e terá manifestação prévia do Ministério Público";

c) *ter seu nome, sua qualificação, sua imagem, sua voz e demais informações pessoais preservadas durante a investigação e o processo criminal, salvo se houver decisão judicial em contrário* (art. 14, III): este item guarda o mesmo problema constante do art. 12, § 2.º, da Lei 12.850/2013, pois menciona a completa ocultação do agente infiltrado, durante a investigação *e o processo criminal*, o que, na interpretação literal, envolve a defesa. Entretanto, na parte final desse dispositivo, prevê-se a autorização judicial em contrário, vale dizer, deve ser autorizado o acesso à defesa do réu ou investigado, neste último caso, se já foi indiciado. Outra opção seria tornar a prova completamente invisível para o defensor e, por via de consequência, um arremedo de *devido processo legal*;

d) *não ter sua identidade revelada, nem ser fotografado ou filmado pelos meios de comunicação, sem sua prévia autorização por escrito* (art. 14, IV): este ponto é correto e mantém o agente infiltrado fora do alcance da mídia. Deveria haver um tipo penal incriminador específico para a violação desse direito. Não existindo, o único jeito seria a tomada de medida cautelar de ordem civil para bloquear a indevida divulgação.

Tribunal de Justiça do Rio Grande do Sul

• "[...] Ademais, conforme referido pelo *Parquet*, constitui direito do agente infiltrado, dentre outros previstos no art. 14 da Lei n. 12.850/2013, 'ter seu nome, sua qualificação, sua imagem, sua voz, e demais informações pessoais preservadas durante a investigação e o processo criminal, salvo se houver decisão judicial em contrário' e 'não ter sua identidade revelada, nem ser fotografado ou filmado pelos meios de comunicação, sem sua prévia autorização por escrito'. Portanto, como destacado no parecer, caso entenda o Juízo imprescindível a prévia identificação dos agentes policiais que realizarão a infiltração, entende-se que tal informação deva ser fornecida apenas ao magistrado e ao membro do Ministério Público, em caráter reservado e sob sigilo, quando da operacionalização das medidas, a fim de preservar a identidade daqueles e evitar a frustração de futuras ações investigativas análogas que venham a desenvolver. A não identificação – neste momento – dos agentes destacados para dar cumprimento à diligência não poderia ter sido considerada razão para o indeferimento da medida, senão para a imposição à autoridade policial da condição de informá-lo ao Juízo previamente ao cumprimento das diligências" (Correição parcial 70076139393, 2.ª C. Crim., Rel. Victor Luiz Barcellos Lima, 22.02.2018, v.u.).

VI

CRIMES CONTRA A ADMINISTRAÇÃO DA JUSTIÇA NO COMBATE À ORGANIZAÇÃO CRIMINOSA

1. Conceito

O bem jurídico tutelado, no cenário dos novos delitos criados pela Lei 12.850/2013, é a administração da justiça. O conceito de Administração Pública abrange a atividade do Estado, por meio de seus servidores, bem como dos demais órgãos públicos. Voltando-se à Administração da Justiça, resguarda-se a atividade funcional no campo da persecução penal e também de alguns aspectos do processo civil e do administrativo.

2. Revelação de identidade de colaborador

2.1 Tipo penal incriminador

Art. 18. Revelar a identidade, fotografar ou filmar o colaborador, sem sua prévia autorização por escrito:

Pena – reclusão, de 1 (um) a 3 (três) anos, e multa.

2.2 Análise do tipo

Revelar significa descobrir, dar conhecimento de algo a alguém, tendo por objeto a *identidade* (informes pessoais, que servem a individualizar alguém, tal como nome, data de nascimento, profissão etc.) é a primeira conduta. Há, também, outras duas, todas alternativas: *fotografar* (registrar em formato digital ou eletrônico a imagem de alguém) e *filmar* (registrar em película, base digital ou formato eletrônico a movimentação de algo ou alguém).

O objeto da revelação da identidade, da fotografia e do filme é o colaborador, entendido este como o delator cujo acordo já foi apresentado ao poder público. A partir da assinatura dos termos de recebimento da proposta e de confidencialidade, passa a ser tutelado pelo tipo penal em comento. O sigilo entra em vigor e a divulgação de dados referentes ao colaborador pode prejudicá-lo seriamente.

O sujeito ativo pode ser qualquer pessoa. O sujeito passivo são o colaborador e o Estado, ambos com interesse na mantença do sigilo de sua identidade.

O objeto material é a identidade ou a imagem do colaborador. O objeto jurídico é a administração da justiça, mas também o direito à imagem.

O termo *colaborador* é elemento normativo do tipo, dependente de valoração jurídica. Na própria Lei 12.850/2013 encontra-se o conceito de quem é colaborador e quais são os seus direitos, dentre os quais o de possuir a identidade e a imagem preservadas (art. 5.º, II e V).

O crime é punido a título de dolo, não se prevendo a forma culposa. Inexiste elemento subjetivo específico.

A expressão *sem sua prévia autorização por escrito* constitui elemento ligado à ilicitude, porém foi inserida no tipo, de forma que, havendo o consentimento da vítima, a conduta se torna atípica.

Note-se que, de maneira incomum, pois o bem jurídico tutelado é a administração da justiça, permite-se que o delator concorde em ser fotografado, filmado ou ter sua identidade revelada. Entretanto, há explicação plausível para isso: uma vez que o colaborador preste devidamente a sua cooperação com o Estado, nos termos do acordo celebrado, a preservação de sua identidade passa a ser um problema seu.

Quanto à liberdade de imprensa, como já destacamos anteriormente, vários órgãos de imprensa têm divulgado a identidade de delatores, publicando fotos e vídeos, sem qualquer autorização em inúmeras fases da investigação e do processo. Alega-se a proteção da liberdade de imprensa, garantida pelo art. 220, § 1.º, da Constituição Federal, bem como o interesse público na informação. Entretanto, esse mesmo dispositivo ressalva o respeito ao disposto pelo art. 5.º, X, da mesma Carta, dizendo respeito à intimidade, vida privada, imagem e honra do indivíduo. Portanto, a divulgação de dados do colaborador não poderia ocorrer, pois o real interesse público é a obtenção de informações suficientes para o combate ao crime organizado, e não a especulação a respeito do que o delator pode dizer ou não. Ademais, tem o colaborador o direito fundamental de não ter a sua intimidade devassada, bem como a sua imagem conspurcada, somente porque resolveu fornecer dados ao Estado em relação ao cometimento de crime.

O crime é comum, podendo ser cometido por qualquer pessoa; formal, não exigindo para a consumação qualquer resultado naturalístico, consistente no efetivo prejuízo para o colaborador; de forma livre, podendo ser cometido por qualquer meio eleito pelo agente; comissivo, pois os verbos representam ações; instantâneo, cuja consumação se dá em momento determinado na linha do tempo; perigo abstrato, cuja potencialidade lesiva é presumida em lei; unissubjetivo, que demanda apenas uma pessoa para a sua concretização; unissubsistente (cometido num só ato); ou plurissubsistente (praticado em vários atos), dependendo do modo de execução. Admite tentativa, na forma plurissubsistente, pois o delito possui *iter criminis* fracionável.

Quanto aos benefícios penais, cabe acordo de não persecução penal, pois a pena mínima é inferior a quatro anos. Se houver condenação, podem ser aplicadas penas alternativas, visto não se tratar de delito violento.

3. Delação caluniosa

3.1 *Tipo penal incriminador*

Art. 19. Imputar falsamente, sob pretexto de colaboração com a Justiça, a prática de infração penal a pessoa que sabe ser inocente, ou revelar informações sobre a estrutura de organização criminosa que sabe inverídicas:

Pena – reclusão, de 1 (um) a 4 (quatro) anos, e multa.

3.2 Análise do tipo

A denunciação caluniosa é crime complexo em sentido amplo, constituído, como regra, da calúnia e da conduta lícita de levar ao conhecimento da autoridade pública – delegado, juiz ou promotor – a prática de uma infração penal e sua autoria. Portanto, se o agente imputa falsamente a alguém a prática de fato definido como crime, comete o delito de calúnia. Se transmite à autoridade o conhecimento de um fato criminoso e do seu autor, pratica conduta permitida expressamente pelo Código de Processo Penal (art. 5.º, § 3.º). Entretanto, a junção das duas situações (calúnia + comunicação à autoridade) faz nascer o delito de denunciação caluniosa, de ação pública incondicionada, porque está em jogo o interesse do Estado na administração da justiça. Em particular, a Lei 12.850/2013 cria o art. 19 como uma espécie de denunciação caluniosa, cujo autor é o delator.

Imputar significa atribuir algo a alguém, tratando-se da conduta cujo objeto é a *falsa* (não autêntica) prática de infração penal (crime ou contravenção). O móvel para tanto é o *pretexto de colaboração com a Justiça*, atitude típica do delator. Demanda-se *dolo direto*, pois o tipo menciona *que sabe ser inocente*.

Diversamente da denunciação caluniosa prevista no art. 339 do Código Penal, a disciplinada pelo art. 19 da Lei 12.850/2013 dispensa que a imputação falsa *dê causa à instauração* de processo ou investigação. Tal diferença se explica pelo fato de o colaborador já estar envolvido em investigação ou processo criminal; portanto, a denunciação caluniosa que pratique *piora* a situação de corréu ou o envolve em feito criminal de maneira indevida.

Há um segundo aspecto nesse tipo penal, consistente em *revelar* (descortinar, mostrar o oculto) informes (dados esclarecedores sobre algo) falsos (não autênticos) sobre a estrutura de determinada organização criminosa. Igualmente, o dolo direto (*que sabe inverídicas*).

As duas condutas, imputar falsamente ou revelar informes falsos, são alternativas, significando que, se cometidas juntas ou apenas uma delas, representa o cometimento de delito único.

O sujeito ativo é o delator envolvido em investigação criminal ou processo. O sujeito passivo é o Estado; secundariamente, a pessoa prejudicada pela falsa imputação.

O objeto material é a prática de infração penal ou a informação sobre estrutura de organização criminosa. O objeto jurídico é a administração da justiça.

A imputação deve dirigir-se a pessoa determinada, não se considerando configurado o crime se o agente imputar genericamente uma conduta criminosa a diversos indivíduos, sem qualquer especificação de conduta. O mesmo se diga quando houver referências genéricas no tocante à estrutura da organização criminosa.

É fundamental o término da investigação criminal ou do processo para que se possa julgar corretamente este delito do art. 19. Na realidade, é uma medida de ordem prática, que envolve uma questão prejudicial facultativa, vale dizer, o juiz pode suspender o feito até que se conheça a conclusão do feito relativo à denunciação caluniosa.

O elemento subjetivo é o dolo, na sua forma direta, como já mencionado. Não há a forma culposa. Cremos presente o elemento subjetivo do tipo específico, consistente na vontade de induzir o investigador ou julgador em erro, prejudicando a administração da justiça.

Quanto à inocência do imputado, além de o agente ter esse conhecimento, exigem a doutrina e a jurisprudência majoritárias, com razão, que o imputado seja realmente prejudicado pela ação do autor, isto é, seja injustamente investigado ou processado, para, ao final, ocorrer o arquivamento ou a absolvição por falta de qualquer fundamento para vinculá-lo à autoria. Porém, se a punibilidade estiver extinta (pela prescrição, anistia, abolição da figura delitiva, dentre outros fatores) ou se ele tiver agido sob o manto de alguma excludente de ilicitude ou de culpabilidade, enfim, se o inquérito for arquivado ou houver absolvição, por tais motivos, não há crime de denunciação caluniosa. Tal se dá porque havia possibilidade concreta de ação da autoridade policial ou judiciária, justamente pela existência de fato típico (havendo autor sujeito à investigação ou processo), embora não seja ilícito, culpável ou punível.

É admissível a hipótese de crime impossível (art. 17, CP) quando o agente, ainda que aja com vontade de denunciar alguém, sabendo-o inocente, à autoridade, termina por fazer com que esta encontre subsídios concretos de cometimento de um outro crime. Seria indevido punir o agente por delito contra a *administração da justiça*, já que esta só teve a ganhar com a comunicação efetuada. Aliás, também se configura crime impossível quando não há mais possibilidade de ação da autoridade (anistia, abolição do crime, prescrição, entre outros).

O crime é próprio, basicamente de mão própria, pois somente o delator, pessoal e diretamente, pode fazer a imputação ou a revelação; formal (delito que não exige, para sua consumação, resultado naturalístico, consistente no efetivo prejuízo para a administração da justiça); de forma livre (pode ser cometido por qualquer meio eleito pelo agente); comissivo ("imputar" e "revelar" implicam ações); instantâneo (cuja consumação não se prolonga no tempo, dando-se em momento determinado); unissubjetivo (aquele que pode ser cometido por um único sujeito); plurissubsistente (delito cuja ação é composta por vários atos, permitindo-se o seu fracionamento); admite tentativa, embora de difícil configuração.

A competência é da Justiça Estadual ou Federal, conforme a natureza do crime que foi imputado à vítima, logo, onde será apurado, bem como em razão da qualidade do ofendido.

Quanto à pena, cabe acordo de não persecução penal, pois a pena mínima é inferior a quatro anos. Em caso de condenação, não se tratando de delito violento, pode haver a substituição da pena privativa de liberdade por restritiva de direitos.

Superior Tribunal de Justiça

- "O Superior Tribunal de Justiça tem entendido que, para a configuração do crime de denunciação caluniosa, é indispensável que a imputação seja objetiva e subjetivamente falsa, vale dizer, que, além de a suposta vítima ser inocente, o sujeito ativo tenha inequívoca ciência dessa inocência, elementos presentes na situação dos autos, em que se apurou, no decorrer das investigações, que, além de um dos denunciados ter sido supostamente induzido pelos recorrentes a atribuir condutas correspondentes ao crime de abuso de autoridade à vítima, perante a autoridade policial, ensejando a instauração de inquérito policial, eles tinham ciência de que a imputação era falsa" (RHC 50.672 – SP, 6.ª T., Rel. Sebastião Reis Júnior, j. em 18.09.2014, v.u.).

4. Quebra de sigilo

4.1 Tipo penal incriminador

Art. 20. Descumprir determinação de sigilo das investigações que envolvam a ação controlada e a infiltração de agentes:

Pena – reclusão, de 1 (um) a 4 (quatro) anos, e multa.

4.2 Análise do tipo

Descumprir significa deixar de seguir uma determinação, que, nesta hipótese, é o resguardo do sigilo (segredo) demandado no tocante às investigações, desde que estas envolvam *ação controlada* e *infiltração de agentes*. Neste último caso, envolve a identidade do infiltrado, igualmente protegida pelo sigilo. O objeto jurídico tutelado é administração da justiça.

A expressão *determinação de sigilo* é elemento normativo do tipo, dependente de valoração jurídica. Há duas fontes para a determinação do segredo de justiça nas investigações, cuidando da apuração de crimes de organização criminosa: a) por ordem judicial, como previsto pelo art. 23 da Lei 12.850/2013 ("o sigilo da investigação poderá ser decretado pela autoridade judicial competente"); b) *ex lege* (por força de lei), conforme se vê no art. 8.º, § 2.º ("a comunicação será sigilosamente distribuída..."), e no art. 12 ("o pedido de infiltração será sigilosamente distribuído..."), ambos da Lei 12.850/2013.

O sujeito ativo somente pode ser o funcionário público, responsável legal pelo trâmite dos papéis oficiais, desde a fase da investigação até o final do processo, bem como aqueles que tiverem acesso aos autos, como, por exemplo, o advogado. Afinal, cuida-se de *descumprimento de determinação* judicial ou legal, dirigindo-se a todos que acessarem os dados sigilosos e tinham o dever de preservá-los. O sujeito passivo é o Estado; secundariamente, as pessoas prejudicadas pelo rompimento do sigilo.

O objeto material é a determinação de sigilo; o objeto jurídico é a administração da justiça.

Embora o sigilo possa perdurar durante toda a persecução penal, apenas configura crime a revelação de dados na investigação – e não em relação ao processo.

Não se trata de norma penal em branco, mas de tipo aberto, contendo vários elementos normativos do tipo. Além da referida expressão *determinação de sigilo*, há também *ação controlada*, cujo significado se encontra no art. 8.º da Lei 12.850/2013, e *infiltração de agentes*, cujo alcance se dá no art. 10 da mesma Lei.

O elemento subjetivo é o dolo. Não há a forma culposa, nem se exige elemento subjetivo específico.

O crime é próprio (somente pode ser praticado por sujeito ativo qualificado); formal (delito que não exige, para sua consumação, resultado naturalístico, consistente no efetivo prejuízo para a administração da justiça); de forma livre (pode ser cometido por qualquer meio eleito pelo agente); comissivo ("descumprir" implica ação); instantâneo (cuja consumação não se prolonga no tempo, dando-se em momento determinado); unissubjetivo (aquele que pode ser cometido por um único sujeito); unissubsistente (crime cuja ação é formada por ato único) ou plurissubsistente (delito cuja ação é composta por vários atos, permitindo--se o seu fracionamento), dependendo do caso concreto; admite tentativa, embora de difícil configuração.

A competência é da Justiça Estadual ou Federal, conforme a natureza do processo – se tramita na esfera federal ou estadual.

Quanto à pena, cabe acordo de não persecução penal, pois a pena mínima é inferior a quatro anos. Em caso de condenação, não se tratando de delito violento, pode haver a substituição da pena privativa de liberdade por restritiva de direitos.

5. Sonegação de informes

5.1 Tipo penal incriminador

Art. 21. Recusar ou omitir dados cadastrais, registros, documentos e informações requisitadas pelo juiz, Ministério Público ou delegado de polícia, no curso de investigação ou do processo:

Pena – reclusão, de 6 (seis) meses a 2 (dois) anos, e multa.

Parágrafo único. Na mesma pena incorre quem, de forma indevida, se apossa, propala, divulga ou faz uso dos dados cadastrais de que trata esta Lei.

5.2 Análise do tipo

Recusar (não aceitar) ou *omitir* (deixar de fazer algo; não mencionar) são as condutas alternativas (a prática de uma delas ou de ambas gera somente um delito, quando no mesmo contexto), tendo por objeto dados cadastrais (informações de indivíduos constantes em cadastro de empresa, entidade governamental e instituições em geral), registros (anotações de fatos inseridas em banco de dados), documentos (qualquer base material em que se podem registrar fatos e atos de vontade, tais como papéis, DVD ou CD etc.) e informações (dados gerais, funcionando como figura residual dos demais elementos). Enfocam-se somente os objetos relacionados a *requisições* (atos de exigência formulados por autoridade em relação a outra pessoa, autoridade ou não, desde que prevista em lei) feitas por juiz, Ministério Público ou delegado de polícia. O período para a configuração do delito, que seria uma particular forma de *desobediência*, transcorre no curso da investigação, formalmente instaurada, como o inquérito policial, ou do processo.

O sujeito ativo pode ser qualquer pessoa, a quem é dirigida a requisição. O sujeito passivo é o Estado. O objetivo jurídico é a administração da justiça.

O delito é doloso, não havendo a forma culposa. Segundo cremos, há o elemento subjetivo específico implícito, referente à intenção de prejudicar ou obstruir a ação da justiça. Afinal, nem toda requisição deve ser atendida, pois existem as ilegais, como, por exemplo, se o delegado requisitar dados bancários do investigado; somente o juiz pode fazê-lo. Nessa hipótese, se o destinatário da requisição se recusar a atendê-lo, está no exercício regular de direito.

O crime é comum (pode ser praticado por qualquer pessoa); formal (delito que não exige, para sua consumação, resultado naturalístico, consistente no efetivo prejuízo para a administração da justiça); de forma livre (pode ser cometido por qualquer meio eleito pelo agente); omissivo (os verbos implicam inações); instantâneo (cuja consumação não se prolonga no tempo, dando-se em momento determinado); unissubjetivo (aquele que pode ser cometido por um único sujeito); unissubsistente (crime cuja ação é formada por ato único).

Não admite tentativa, pois o delito é omissivo próprio, de modo que praticado num único ato.

A competência é da Justiça Estadual ou Federal, conforme a natureza da investigação ou do processo – se tramita na esfera federal ou estadual.

Trata-se de infração de menor potencial ofensivo, comportando transação. Em caso de condenação, pode haver a substituição da pena privativa de liberdade por restritiva de direitos.

A segunda figura, prevista no parágrafo único, também é tipo misto alternativo. Compõe-se das seguintes condutas: *apossar* (tomar posse de algo), *propalar* (divulgar, espalhar), *divulgar* (tornar conhecido, difundir) ou *fazer uso* (utilizar para algum fim), cujo objeto é o dado cadastral *de que trata esta lei*. Naturalmente, só se podem considerar os informes sigilosos que foram requisitados pela autoridade competente, constantes de autos sigilosos e foram usados de forma indevida. Essa expressão (*forma indevida*) constitui elemento normativo do tipo, ligado à ilicitude. Porém, como foi introduzido no tipo incriminador, se a ação for *devida* (legal), o fato é atípico.

O sujeito ativo pode ser qualquer pessoa. O sujeito passivo é o Estado, pois o bem jurídico é a administração da justiça. Secundariamente, tutela a intimidade, tendo por sujeito passivo o indivíduo prejudicado pela revelação dos dados.

O objetivo material é o dado cadastral; o objeto jurídico é a administração da justiça.

O elemento subjetivo é o dolo, não havendo a forma culposa. Não se exige o elemento subjetivo específico.

O crime é comum (pode ser praticado por qualquer pessoa); formal (delito que não exige, para sua consumação, resultado naturalístico, consistente no efetivo prejuízo para a administração da justiça ou para a vida privada de outrem); de forma livre (pode ser cometido por qualquer meio eleito pelo agente); comissivo (os verbos implicam ações); instantâneo (cuja consumação não se prolonga no tempo, dando-se em momento determinado), nas modalidades *apossar, pro-*

palar e *divulgar*, mas permanente (a consumação se protrai no tempo), na forma *fazer uso*; unissubjetivo (aquele que pode ser cometido por um único sujeito); unissubsistente (crime cuja ação é formada por ato único) ou plurissubsistente (cometido em vários atos), conforme o meio eleito pelo agente.

Admite tentativa, quando na forma plurissubsistente, embora de rara configuração.

A competência é da Justiça Estadual ou Federal, conforme a natureza da investigação ou do processo – se tramita na esfera federal ou estadual.

Trata-se de infração de menor potencial ofensivo, comportando transação. Em caso de condenação, pode haver a substituição da pena privativa de liberdade por restritiva de direitos.

6. Procedimento e sigilo

Dispõe o art. 22 da Lei 12.850/2013 que "os crimes previstos nesta Lei e as infrações penais conexas serão apurados mediante procedimento ordinário previsto no Decreto-Lei 3.689, de 3 de outubro de 1941 (Código de Processo Penal), observado o disposto no parágrafo único deste artigo. Parágrafo único. A instrução criminal deverá ser encerrada em prazo razoável, o qual não poderá exceder a 120 (cento e vinte) dias quando o réu estiver preso, prorrogáveis em até igual período, por decisão fundamentada, devidamente motivada pela complexidade da causa ou por fato procrastinatório atribuível ao réu".

O procedimento ordinário segue o art. 396 e seguintes do Código de Processo Penal.

Superior Tribunal de Justiça

- "1. Tratando-se de ação penal em que se imputa o crime previsto no art. 2.º, §§ 3.º e 4.º, II, da Lei 12.850/2013, incabível a incidência do procedimento disciplinado no art. 513 e seguintes do Código de Processo Penal, porquanto o art. 22 da própria Lei 12.850/2013 determina a aplicação do procedimento ordinário (princípio da especialidade) (...)" (RHC 74.693 – RJ, 6.ª T., Rel. Maria Thereza de Assis Moura, 22.11.2016, m.v.).

Tribunal de Justiça de São Paulo

- "Crimes de organização criminosa, tráfico de drogas com envolvimento de criança ou de adolescente (três vezes), associação para o tráfico. (...) Aplicação do procedimento ordinário ao caso concreto, diante do concurso material de delitos descrito na denúncia – Inteligência do art. 22, *caput*, da Lei 12.850/2013 – Decisão que recebeu a denúncia e que determinou a citação dos réus para oferecimento de resposta à acusação – Impetrante que apresentou defesa em favor do paciente e que participou de audiência em que foi encerrada a instrução, não tendo apresentado qualquer insurgência quanto à ausência de abertura de vista ou intimação – Desmembramento do feito – Corréus em relação aos quais a instrução também foi encerrada e que também apresentaram defesa e possuem advogados constituídos – Ordem denegada." (HC 2260407-95.2016.8.26.0000 – SP, 8.ª Câmara de Direito Criminal, Rel. Ely Amioka, 09.03.2017, v.u.).

Recebida a denúncia, que pode conter um rol de até 8 testemunhas, ordena o juiz a citação do réu para responder à acusação, em dez dias, por escrito (art. 396, CPP).

Essa resposta, que pode ser denominada de *defesa prévia*, é obrigatória, vale dizer, se o acusado, por seu advogado, não a apresentar, o magistrado deve nomear defensor dativo para assumir o caso ou remeter o feito à Defensoria Pública (art. 396-A, § 2.º, CPP).

Nessa defesa inicial, o réu alega toda a matéria desejada, bem como propõe provas, podendo juntar um rol de até 8 testemunhas (art. 396-A, CPP).

Conforme o alegado pelo acusado, o juiz pode absolvê-lo sumariamente, nos termos do art. 397, I a IV, do CPP.

Ausente a hipótese da absolvição, designa-se audiência de instrução e julgamento, intimando-se o réu, seu defensor e o Ministério Público. Se as partes requererem, intimam-se as testemunhas da acusação e da defesa (art. 399, CPP).

Na audiência, ouvem-se a vítima (quando houver), as testemunhas de acusação, as de defesa, peritos (se indicados), passando-se, no final, ao interrogatório do acusado (art. 400, CPP).

Finalizando, as partes podem requerer as diligências que julgarem necessárias para a apuração dos fatos (art. 402, CPP).

Não havendo, passa-se à fase dos debates orais. A acusação e a defesa têm 20 minutos, cada uma, prorrogáveis por outros 10.

O juiz, se viável, deve dar a sentença no termo da audiência. Eventualmente, em processos complexos, o magistrado pode conceder prazo para a juntada de memoriais, prolatando a sentença depois.

A novidade introduzida pela Lei 12.850/2013, não constante do Código de Processo Penal, é o estabelecimento do prazo máximo de 120 dias, quando o réu estiver preso, prorrogáveis por igual período.

Na verdade, esse seria o prazo *limite*, uma vez que a norma retrata um prazo *razoável*, não excedente aos 120 dias. Duas considerações merecem ser feitas: a) a jurisprudência pátria consagrou o entendimento de que, para encerrar a instrução de acusado preso, deve-se respeitar um prazo *razoável*, sem que se possa fixar um período exato; b) instituir um prazo certo pode ser positivo, controlando-se, com maior eficiência, a razoabilidade, mas também pode tornar-se negativo, como no caso. Afinal, 240 dias pode ser um período muito longo (8 meses), que não se pode dizer *razoável* ou *proporcional*, dependendo do caso concreto.

Não se segue o procedimento previsto no art. 22 da Lei 12.850/2013 apenas para o crime de organização criminosa, cuja pena varia de 3 a 8 anos de reclusão, mas também para os conexos (art. 76, CPP). Somente para ilustrar, apurando-se o crime conexo de omissão de dados cadastrais (art. 21 da Lei 12.850/2013), cuja pena é de reclusão, de 6 meses a 2 anos (infração de menor potencial ofensivo), não se aplicando a transação, a pena a ser fixada pode ser inferior ao prazo máximo estabelecido para a instrução de réu preso.

Quando comentamos a reforma processual penal de 2008, envolvendo o Código de Processo Penal, mencionamos ter sido melhor não estabelecer um prazo certo para a instrução findar – seja de réu preso ou solto. Tais períodos, fixados em lei, podem ser longos ou curtos demais. Por isso, a mais adequada proposta é exigir a razoabilidade e a proporcionalidade em todo e qualquer caso. Assim não sendo, o que se verá, aplicando o disposto no art. 22 da Lei 12.850/2013, é o debate intenso nos tribunais acerca da qualidade do prazo estabelecido. Os 120 dias (prorrogáveis em até igual período) são próprios ou impróprios? Noutros termos, ultrapassados tais dias, a prisão do réu se torna, automaticamente, ilegal? Ainda, fixando-se os 120 dias e prorrogando-se por outros 120 dias, pode-se questionar a sua razoabilidade e, com isso, concluir pelo excesso de prazo?

Enfim, parece-nos que o estabelecimento do prazo de até 120 dias (prorrogáveis por outros 120) deve representar apenas um limite ilustrativo do razoável, *conforme o caso concreto*.

Sob dois prismas: a) apurando-se o crime de organização criminosa (pena de reclusão de 3 a 8 anos), existindo vários corréus, com diversos defensores, presos em locais diferentes, demonstrando complexidade invulgar, tramitando em Vara com muitos processos, podem-se acolher como razoáveis os 240 dias; se houver atuação procrastinatória da defesa, parece-nos até possível ultrapassar tal período; b) havendo um só réu, em causa sem complexidade, tramitando em Vara com número regular de feitos, atingir 120 dias ou mais pode configurar excesso, ferindo a razoabilidade.

Em suma, o *caso concreto* deve determinar o mais adequado prazo para findar a instrução, segundo a razoabilidade e a proporcionalidade. De todo modo, o teto de 120 dias (ou 240) merece ser considerado, em primeiro plano; ultrapassado tal prazo, sem qualquer justificativa plausível, configura excesso.

Quanto ao sigilo, preceitua o art. 23 da Lei 12.850/2013 o seguinte: "o sigilo da investigação poderá ser decretado pela autoridade judicial competente, para garantia da celeridade e da eficácia das diligências investigatórias, assegurando-se ao defensor, no interesse do representado, amplo acesso aos elementos de prova que digam respeito ao exercício do direito de defesa, devidamente precedido de autorização judicial, ressalvados os referentes às diligências em andamento. Parágrafo único. Determinado o depoimento do investigado, seu defensor terá assegurada a prévia vista dos autos, ainda que classificados como sigilosos, no prazo mínimo de 3 (três) dias que antecedem ao ato, podendo ser ampliado, a critério da autoridade responsável pela investigação".

Haverá sigilo por força de lei, por ocasião da distribuição dos pedidos de ação controlada e infiltração de agentes (arts. 8.º, § 2.º; 12). Por outro lado, quando se instaurar investigação para cuidar de delito ligado a organização criminosa, o juiz *pode* – e muitas vezes, em nossa ótica, deve – decretar o sigilo.

Os requisitos para tanto são: a) celeridade da diligência; b) eficácia da diligência. Compreende-se a parte referente à eficácia, tendo em vista que a apuração do delito de organização criminosa ou crime conexo lida com casos de extrema gravidade, merecendo ficar longe do acesso de qualquer pessoa estranha à investigação e mesmo aos advogados, que não tenham procuração nos autos, e tampouco representem investigados já indiciados. Porém, a celeridade não se coaduna com sigilo. Pode-se realizar diligência com rapidez ou não, independentemente do segredo judicial.

Afirma a norma em comento poder o defensor, no interesse do *representado* – entendendo-se como o indiciado, que lhe deu procuração –, ter amplo acesso aos elementos de prova, com autorização judicial prévia, no tocante a diligências já realizadas. Sem dúvida, não haveria o menor sentido autorizar o defensor a acompanhar a diligência em plena realização; seria ineficiente por completo.

Sob outro prisma, não se compreende o sentido da autorização judicial prévia, tendo em vista constituir direito do defensor do indiciado acessar os autos da investigação sempre que quiser. Entretanto, burocratizou-se o referido acesso, devendo o defensor despachar petição com o magistrado para tomar conhecimento das diligências investigatórias.

Outro ponto relevante inserido na Lei 12.850/2013 (art. 23, parágrafo único) diz respeito ao chamamento de pessoa investigada – ainda não indiciada – para ser formalmente ouvida em declarações, com a prévia vista dos autos ao seu defensor. Afinal, assim ocorrendo, pode ser o momento para se realizar o indiciamento, com abertura da possibilidade de interrogatório.

Portanto, intimando-se o investigado para declarações, deve-se dar ciência ao seu defensor, se já o possuir. De todo modo, é preciso fazer constar do mandado de intimação do investigado o direito de ter advogado, inclusive com acesso aos autos *antes* do seu comparecimento.

Se estiver preso, deve-se dar vista dos autos à Defensoria Pública, antes de ouvi-lo ou mesmo indiciá-lo.

Cuida-se de uma construção concreta para privilegiar o princípio constitucional da ampla defesa, o que não torna o inquérito contraditório, mas somente aprimora o seu trâmite.

Sobre o prazo:

Superior Tribunal de Justiça

- "1. O Recorrente, Policial Militar, foi preso em 29/05/2019, por prisão preventiva decretada quando do recebimento da denúncia, no dia 17/12/2018, que lhe imputa a suposta prática do crime de organização criminosa, previsto no art. 2.º, § 2.º e caput, § 4.º, inciso IV, da Lei 12.850/2013. (...) 3. Os prazos indicados para o término da instrução criminal servem apenas como parâmetro geral, pois variam conforme as peculiaridades de cada processo, razão pela qual a jurisprudência uníssona os têm mitigado, à luz do Princípio da Razoabilidade. No caso não se vislumbra desídia estatal, pois se trata de ação penal com diversos réus (dez), com patronos diversos. Além disso, foi suscitado conflito de competência, o que justifica um maior elastério na conclusão da fase instrutória. 4. Segundo as informações prestadas pelo Juízo de primeiro grau, o Ministério Público apresentou suas alegações finais em 25/10/2019 e as Defesas dos acusados já foram intimadas para manifestação, afastando o alegado excesso de prazo nos termos da Súmula 52/STJ. 5. Recurso ordinário parcialmente conhecido e desprovido" (RHC 119.406 – DF, 6.ª T., Rel. Laurita Vaz, 10.12.2019, v.u.).

- "3. Constitui entendimento consolidado do Superior Tribunal de Justiça – STJ que somente configura constrangimento ilegal por excesso de prazo na formação da culpa, apto a ensejar o relaxamento da prisão cautelar, a mora que decorra de ofensa ao princípio da razoabilidade, consubstanciada em desídia do Poder Judiciário ou da acusação, jamais sendo aferível apenas a partir da mera soma aritmética dos prazos processuais. 4. No caso dos autos, da análise do andamento processual junto ao sítio eletrônico do Tribunal de origem, verifica-se que o recurso segue trâmite regular, não havendo, pois, falar em desídia do Judiciário, que tem diligenciado no sentido de dar andamento ao feito. Ademais, cumpre informar que os autos foram conclusos para relatório e voto em 11/09/2019" (HC 445.235 – BA, 5.ª T., rel. Joel Ilan Paciornik, 26.11.2019, v.u.).

Tribunal de Justiça de São Paulo

- "Organização criminosa e associação para o tráfico (art. 2.º, §§ 2.º e 4.º, I, da Lei 2.850/2013; e art. 35 da Lei 11.343/2006) – Nulidade em razão da ausência de despacho previsto no parágrafo único do artigo 22 da Lei 12.850/13 (prorrogação do prazo de encerramento da instrução). Inocorrência. Decisão judicial bem fundamentada que explicita os motivos pelos quais a instrução criminal não foi encerrada no prazo legal. Falta de menção expressa à dilação de prazo que constitui mera irregularidade. Prejuízo não demonstrado – Excesso de prazo para formação da culpa. Não configuração. Seguimento regular da ação penal dentro dos prazos processuais – Constrangimento ilegal não caracterizado – Ordem denegada" (HC Criminal 2206234-19.2019.8.26.0000; 15.ª Câm. Criminal, rel. Gilberto Ferreira da Cruz, 10.10.2019, v.u.).

Tribunal de Justiça do Rio Grande do Sul

- "O paciente preso no início do mês de março, tendo transcorrido mais de 270 dias da sua prisão cautelar. Excesso na segregação preventiva. O art. 22, parágrafo único, da Lei n.º 12.850, de 22 de agosto de 2013, trouxe à luz do direito positivo o significado e conceito do preceito constitucional do art. 5.º, LXXVIII, que trata do direito 'à razoável duração do processo'. O referido artigo trata dos crimes complexos das organizações criminosas e prevê o prazo limite da prisão processual de 120 dias, dentro do qual deverá estar encerrada a instrução. Não ocorrendo a conclusão nesse prazo, poderá haver prorrogação, por prazo idêntico, desde que haja decisão fundamentada na complexidade da causa ou por fato procrastinatório atribuível ao réu. No caso dos autos, já transcorreu mais do que o dobro do prazo previsto no citado parágrafo único, que seria de 240 dias, mas não há notícia de que houvesse, nos autos, decisão fundamentando a necessidade de dilação do prazo legal. Ordem concedida" (HC 70058103177, 3.ª C., Rel. Diogenes Vicente Hassan Ribeiro, j. em 27.02.2014, v.u.).

Tribunal de Justiça do Distrito Federal

- "Os prazos estabelecidos para a instrução processual não são absolutos, admitindo-se a razoável flexibilização no seu cumprimento, devendo eventual demora na conclusão da instrução processual ser examinada à luz da razoabilidade e da proporcionalidade, que podem ou não afastar a alegação de constrangimento ilegal, diante da natureza e complexidade da causa e do número de réus. Tratando-se de imputação ao paciente da prática de diversos crimes de estelionato e de organização criminosa, a Lei n.º 12.850/2013 determina que, nos casos de réu preso, a instrução criminal deve ser encerrada no prazo de até 120 (cento e vinte) dias, prorrogável por igual período por meio de decisão fundamentada, motivada na complexidade da causa ou em razão de procrastinação atribuível ao réu. No caso dos autos, não se verifica qualquer ilegalidade na decisão impugnada, pois o Juízo *a quo* acolheu o requerimento do Ministério Público e prorrogou o prazo para o término da instrução criminal em mais 120 (cento e vinte) dias, com fundamento no artigo 22, parágrafo único, da Lei n.º 12.850/2013, motivada pela complexidade da causa, uma vez tratar-se de 06 (seis) réus, denunciados pela prática de diversos crimes, havendo a imputação de 04 (quatro) tipos penais e a prática de centenas de condutas pela organização criminosa, bem como pela necessidade de aguardar o envio de provas periciais. 5. Prorrogado o prazo para a conclusão da instrução criminal em mais 120 (cento e vinte) dias por decisão devidamente fundamentada e proferida em 20.08.2014, ainda não se escoou referido prazo, não havendo que se falar, portanto, em constrangimento ilegal por excesso de prazo. 6. *Habeas corpus* parcialmente admitido e, nessa extensão, ordem denegada para manter a segregação cautelar do paciente, por não estar configurado o constrangimento ilegal por excesso de prazo para o encerramento da instrução criminal" (HC 0025648-25.2014.8.07.0000, 2.ª T. Crim., Rel. Roberval Casemiro Belinati, j. em 16.10.2014, v.u.).

Sobre a vista ao advogado:

Tribunal de Justiça de São Paulo

- "Mandado de segurança. Tráfico de drogas e associação ao tráfico. Indeferimento de pedido de vista de procedimento investigativo. Violação ao artigo 7.º, XIII e XV, da Lei n.º 8.906/2004 e a Súmula Vinculante n.º 14 do C. STF. Inocorrência. Diligências sigilosas em andamento. Art. 23, 'caput', da Lei n.º 12.850/2013. Posterior notícia de deferimento de vista e carga rápida aos impetrantes, quando cumpridas as diligências sigilosas. Perda superveniente do objeto. Ordem prejudicada. (...) Nessa linha, andou bem a MM. Juíza ao indeferir o pedido de vista dos autos, com fundamento no referido dispositivo legal, sem que o ato importasse em ofensa à prerrogativa prevista no artigo 7.º, incisos XIII e XV, do Estatuto da Advocacia e da Ordem dos Advogados do Brasil (Lei n.º 8.906/2004), ou mesmo em desrespeito à Súmula Vinculante n.º 14, do C. Supremo Tribunal Federal. Acrescento, por derradeiro, que o parágrafo único do dispositivo alhures anotado exige que seja assegurada prévia vista dos autos, ainda que classificados como sigilosos, no prazo mínimo de três dias antes da realização de interrogatório do investigado. E, noticiada a inocorrência do ato, não há de se falar em cerceamento de defesa, ou mesmo em violação à ampla defesa e ao contraditório. Julga-se, de qualquer forma, sem análise de mérito, prejudicada a ordem por perda superveniente do objeto" (MS 2112021-94.2014.8.26.0000, 8.ª C., Rel. Alcides Malossi Junior, j. em 28.08.2014, v.u.).

BIBLIOGRAFIA

BITTAR, Walter Barbosa. Alexandre Hagiwara Pereira (colaborador). *Delação premiada. Direito estrangeiro, doutrina e jurisprudência*. 2.ª ed. Rio de Janeiro: Lumen Juris, 2011.

BITENCOURT, Cezar Roberto. BUSATO, Paulo César. *Comentários à Lei de Organização Criminosa (Lei n. 12.850/2013)*. São Paulo: Saraiva, 2014.

BOTTINI, Pierpaolo Cruz; MOURA, Maria Thereza de Assis. (coord.). *Colaboração premiada*. São Paulo: RT, 2017.

BUSATO, Paulo César; BITENCOURT, Cezar Roberto. *Comentários à Lei de Organização Criminosa (Lei n. 12.850/2013)*. São Paulo: Saraiva, 2014.

CALLEGARI, André Luís (org.). *Crime organizado – Tipicidade. Política Criminal. Investigação e processo*. 2.ª ed. Porto Alegre: Livraria do Advogado, 2016.

CORDEIRO, Nefi. *Colaboração premiada. Caracteres, limites e controles*. Rio de Janeiro: Forense, 2020.

CUNHA, Rogério Sanches; PINTO, Ronaldo Batista. *Crime organizado. Comentários à nova lei sobre o crime organizado – Lei n. 12.850/2013*. 2.ª ed. Salvador: JusPodivm, 2014.

GONÇALVES, Vinícius Abdala. *O agente infiltrado frente ao processo penal constitucional*. Belo Horizonte: Arraes Editores, 2014.

MACIEL, Alexandre Rorato. *Crime organizado. Persecução penal e política criminal*. Curitiba: Juruá, 2015.

MARÇAL, Vinícius; MASSON, Cleber. *Crime organizado*. 4.ª ed. São Paulo: Método, 2018.

MASSON, Cleber; MARÇAL, Vinícius. *Crime organizado*. 4.ª ed. São Paulo: Método, 2018.

MOURA, Maria Thereza de Assis. BOTTINI, Pierpaolo Cruz (coord.). *Colaboração premiada.* São Paulo: RT, 2017.

NUCCI, Guilherme de Souza. *Leis penais e processuais penais comentadas.* 13.ª ed. Rio de Janeiro: Forense, 2020. vol. 2.

_____. *Código Penal comentado.* 20.ª ed. Rio de Janeiro: Forense, 2020.

_____. *Código de Processo Penal comentado.* 19.ª ed. Rio de Janeiro: Forense, 2020.

_____. *Curso de Direito Penal.* 4.ª ed. Rio de Janeiro: Forense, 2020. vols. 1 a 3.

_____. *Curso de Direito Processual Penal.* 17.ª ed. Rio de Janeiro: Forense, 2020.

_____. *Provas no processo penal.* 4.ª ed. Rio de Janeiro, Forense, 2015.

PINTO, Ronaldo Batista; CUNHA, Rogério Sanches. *Crime organizado. Comentários à nova lei sobre o crime organizado – Lei n. 12.850/2013.* 2.ª ed. Salvador: JusPodivm, 2014.

SILVA, Eduardo Araujo da. *Organizações criminosas: aspectos penais e processuais da Lei n. 12.850/13.* 2.ª ed. São Paulo: Atlas, 2015.

SILVA, Márcio Alberto Gomes. *Organizações criminosas: uma análise jurídica e pragmática da Lei 12.850/13.* 2.ª ed. Rio de Janeiro: Lumen Juris, 2017.

SOUSA, Marllon. *Crime organizado e infiltração policial.* São Paulo: Atlas, 2015.

VASCONCELLOS, Vinicius Gomes de. *Colaboração premiada no processo penal.* 2.ª ed. São Paulo: RT, 2018.

YACOBUCCI, Guillermo J. (coord.). *El crimen organizado. Desafios y perspectivas en el marco de la globalización.* Buenos Aires: Editorial Ábaco de Rodolfo Depalma, 2005.

OBRAS DO AUTOR

Direito Penal. Partes geral e especial. 7. ed. São Paulo: Método, 2021. Esquemas & sistemas.
Organização Criminosa. 5. ed. Rio de Janeiro: Forense, 2021.
Prisão, medidas cautelares e liberdade. 6. ed. Rio de Janeiro: Forense, 2021.
Processo Penal e Execução Penal. 6. ed. São Paulo: Método, 2021. Esquemas & sistemas.
Prática Forense Penal. 12. ed. Rio de Janeiro: Forense, 2020.
Tribunal do Júri. 8. ed. Rio de Janeiro: Forense, 2020.
Código de Processo Penal comentado. 19. ed. Rio de Janeiro: Forense, 2020.
Código Penal comentado. 20. ed. Rio de Janeiro: Forense, 2020.
Curso de Direito Penal. Parte geral. 4. ed. Rio de Janeiro: Forense, 2020. vol. 1.
Curso de Direito Penal. Parte especial. 4. ed. Rio de Janeiro: Forense, 2020. vol. 2.
Curso de Direito Penal. Parte especial. 4. ed. Rio de Janeiro: Forense, 2020. vol. 3.
Curso de Direito Processual Penal. 17. ed. Rio de Janeiro: Forense, 2020.
Curso de Execução Penal. 3. ed. Rio de Janeiro, 2020.
Manual de Direito Penal. 16. ed. Rio de Janeiro: Forense, 2020.
Manual de Processo Penal. Rio de Janeiro: Forense, 2020.
Leis Penais e Processuais Penais Comentadas. 13. ed. Rio de Janeiro: Forense, 2020. vol. 1 e 2.
Pacote Anticrime comentado. Rio de Janeiro: Forense, 2020.
Código de Processo Penal Militar Comentado. 3. ed. Rio de Janeiro: Forense, 2019.
Código Penal Militar Comentado. 3. ed. Rio de Janeiro: Forense, 2019.

Execução Penal no Brasil – Estudos e Reflexões. Rio de Janeiro: Forense, 2019 (coordenação e autoria).

Habeas Corpus. 3. ed. Rio de Janeiro: Forense, 2019.

Instituições de Direito Público e Privado. Rio de Janeiro: Forense, 2019.

Estatuto da Criança e do Adolescente Comentado – Em busca da Constituição Federal das Crianças e dos Adolescentes. 4. ed. Rio de Janeiro: Forense, 2018.

Manual de Processo Penal e Execução Penal. 14. ed. Rio de Janeiro: Forense, 2017.

Direitos Humanos versus Segurança Pública. Rio de Janeiro: Forense, 2016.

Individualização da pena. 7. ed. Rio de Janeiro: Forense, 2015.

Corrupção e Anticorrupção. Rio de Janeiro: Forense, 2015.

Prostituição, Lenocínio e Tráfico de Pessoas. 2. ed. Rio de Janeiro: Forense, 2015.

Princípios Constitucionais Penais e Processuais Penais. 4. ed. Rio de Janeiro: Forense, 2015.

Provas no Processo Penal. 4. ed. Rio de Janeiro: Forense, 2015.

Crimes contra a Dignidade Sexual. 5. ed. Rio de Janeiro: Forense, 2014.

Dicionário Jurídico. São Paulo: Ed. RT, 2013.

Código Penal Comentado – versão compacta. 2. ed. São Paulo: Ed. RT, 2013.

Tratado Jurisprudencial e Doutrinário. Direito Penal. 2. ed. São Paulo: Ed. RT, 2012. vol. I e II.

Tratado Jurisprudencial e Doutrinário. Direito Processual Penal. São Paulo: Ed. RT, 2012. vol. I e II.

Doutrinas Essenciais. Direito Processual Penal. Organizador, em conjunto com Maria Thereza Rocha de Assis Moura. São Paulo: Ed. RT, 2012. vol. I a VI.

Doutrinas Essenciais. Direito Penal. Organizador, em conjunto com Alberto Silva Franco. São Paulo: Ed. RT, 2011. vol. I a IX.

Crimes de Trânsito. São Paulo: Juarez de Oliveira, 1999.

Júri – Princípios Constitucionais. São Paulo: Juarez de Oliveira, 1999.

O Valor da Confissão como Meio de Prova no Processo Penal. Com comentários à Lei da Tortura. 2. ed. São Paulo: Ed. RT, 1999.

Tratado de Direito Penal. Frederico Marques. Atualizador, em conjunto com outros autores. Campinas: Millenium, 1999. vol. 3.

Tratado de Direito Penal. Frederico Marques. Atualizador, em conjunto com outros autores. Campinas: Millenium, 1999. vol. 4.

Tratado de Direito Penal. Frederico Marques. Atualizador, em conjunto com outros autores. Campinas: Bookseller, 1997. vol. 1.

Tratado de Direito Penal. Frederico Marques. Atualizador, em conjunto com outros autores. Campinas: Bookseller, 1997. vol. 2.

Roteiro Prático do Júri. São Paulo: Oliveira Mendes e Del Rey, 1997.